ダッセン

新装版

長岡秀貴

小4の時、俺は

先生

になろうと心に決めた。

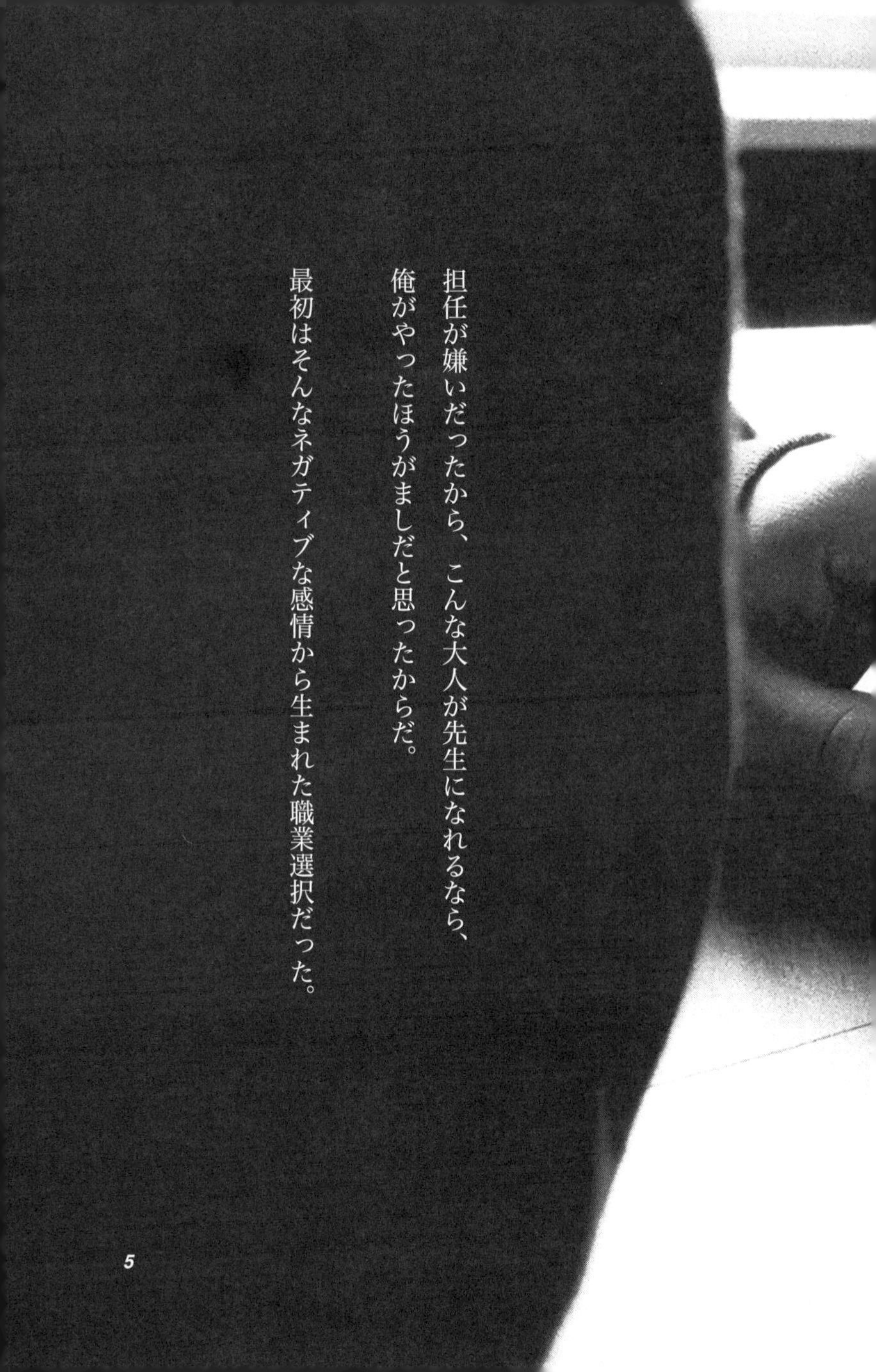

担任が嫌いだったから、こんな大人が先生になれるなら、
俺がやったほうがましだと思ったからだ。

最初はそんなネガティブな感情から生まれた職業選択だった。

巨人軍
ドラフト5位入団

日本人画家として
イタリアに在住

作家としてデビュー作
100万部突破！印税で
悠々自適の生活！

シンガーソングライターとして
メジャーデビュー

全国ツアー最終公演
武道館満員

日本人テニスプレーヤー初の
ウィンブルドン制覇

当然教師だけが夢であるはずがなく
それからいろんなな誘惑に駆られて
たくさん描き続けた、夢の数々。

やりたいことや、試したいことだらけだった俺だけど、
それでも最後まで胸の奥深くに沸々としてたものは、

教育現場への
熱い思いだった！

高校に入ると甲子園を目指した。
ところが野球部に入って数カ月後、

待っていたのは、どん底だった。

左半身不随。
社会復帰不可能とまで言われた。死にたかった。

それでも負けられなかった。
9ヶ月にわたる必死のリハビリで奇跡的な復活をとげた。
もう野球を続けることはできなったが、学校には復帰できた。

受験失敗組の集まる高校だった。
制服を着ているだけで馬鹿にされる。
バカな高校とレッテルをはられ、学校名を言うだけで能力を判断された。
そんなコンプレックスを悪態という形でしか表現できない大半の生徒たち。
そんな学校に通いたくない。そんな学校を卒業したくない。
でも辞めることは簡単で逃げ出すことは誰にでも出来た。
俺は逃げたくなかったしそういう人間を軽蔑してた。
だったら自分で、誇りの持てる学校にすればいい。
そういう学校に変えて卒業すればいい。俺の考えはいつも単純だこの学校を変えてやる。

先生や生徒、仲間、みんなに支えられて、生徒会長として学校改革を断行！
学校に新しい風が吹いた。

その後、教育学部へ進学。新天地静岡、第二の故郷。
根性で小中高の教員免許取得。貧乏だったけど最高に幸せな４年間。

就職も決まらず長野へ帰郷。
また奇跡が起きた。母校に就職決定。俺は教師になった。

そして、

5年後、俺は
教師を辞めた。

脱・先生

ダッセン

奇跡と言う言葉を
信じるかい？

この本は平凡でごく一般人であり有名でもなくお金持ちでもない俺が、教師を目指してから教師になり、そして教師を辞めてその後どうしてるかを魂を込めて綴ったメッセージブックである。

教師になりたい人、現在教師をやっている人、この先何をしていいか分からない人、生きる希望を失っている人、死の淵に立っている人、自分の将来に不安を感じている人

今楽しくない人、そんな人々に読んで欲しい本である。

目次

1　ジャイアニズム

幼少時代、俺は大人たちに嫌われている子どもだった。とにかく学校では毎日廊下に立たされていたし、手を上げられなかった日を数えるほうが早い。一歳から共働きの両親から離れ、祖母の家に預けられながら保育園に通っていた俺は、いち早く自立してしまったのかもしれない。簡単に言ってしまえば、大人の考えてることを見透かしているいやなガキだった。そうしないと、寂しさや孤独から解放されなかったからだ。当然同世代の中ではいつもガキ大将を演じなくてはならなかった。強くなければ生きてはいけない。とにかく強くなければ、自分の居場所が無い。

強烈な保育園時代が終わり、俺は実家に戻ることになった。地元のＳ小学校に入学したが、そこに俺が知っている人間は一人もいなかった。祖母の家と、俺の実家は離れていたために、俺の保育園から、その小学校に入学する奴は誰もいなかったんだ。地元の同じ幼稚園からごっそり入学した奴らの中に、よそ者の俺が一人。幼稚園で習ったお決まりのお遊戯を踊る新しい級友を横目に、何も出来ずに教室の隅で小さくなる俺。やるしかなかった。このままではまた孤独になる。入学式にクラスの大半の奴を理由もなくシメた。ひどい言葉を使えば子分にしたんだ。

その日から俺はジャイアンになった。

それからの毎日はエキサイティングだった。学校が毎日楽しくて仕方が無かった。俺にぶん殴られるやつはたまったもんじゃなかったけど、陰湿ないじめはしなかったかな。したほうの言い分なんだけど。その証拠に、その日泣かした奴が必ず放課後俺の家にいたもんな。気に入らなかったらぶっ飛ばす。でもそれでおしまい。とにかく頭の構造が単純だったんだ。

俺は小学校中学校と九ヵ年皆勤した。今の時間のルーズさからは考えられないけど。悪ガキぶりは年齢を重ねるごとに更にエスカレートしていった。S小学校に四年間いたんだけど、その四年間で三人も担任が代わったのには俺という危険分子がいたという理由があったのかもしれない。俺が担任だったらいやだもん。俺みたいなガキの面倒見るの。

小学校四年になると、また担任が変わった。俺が嫌いな先生だったので、始業式の後めちゃくちゃ気持ちが沈んだ。その予想は大当たり。とにかくめちゃくちゃな先生だったな。俺の悪ガキぶりは健在だったので、その担任もものすごく手を焼いたんだろう。とにかく俺を抑えるために様々な作戦を使ってきた。その作戦の数々は、体罰が厳重に禁止されている現在、表に出たら間違いなく、ワイドショーなんかで放送されちゃうようなものばかりだった。

ガムテープはよく口に張られてた。その上から「おしゃべり男」ってマジックで書かれてたっけ。一時間目に張られると給食まではずしてもらえないの。ガムテープの味が、心地よくなってきたりして。これはレベル1。レベル二になると、ガムテープ＋張り紙。体に色画用紙を張られるわけ。その画用紙には「僕は暴力男です」って書かれるんだ。更にすごいのが、そのまま全校集会に出るんだよね。結構目立ってうれしかったりもしたんだけど、今考えたらやばいよね。

レベル三は便所地獄。これは効いた。廊下に立たされるでしょ。懐かしいけどバケツ両手に持つやつね。中身は水じゃなくて砂だったね。廊下にいても教室の中の授業の声は聞こえてくるわけ。それで誰も答えられない発問がある。そういう発問に何度も大声で答えちゃったんだよね。当然担任ブチ切れ。そのまま首根っこつかまれて中庭にある古い便所に連れて行かれた。荒いコンクリートの床に正座させられて、「放課後までここで頭を冷やしなさい！」なんて言われる。汲み取り便所だから臭いし、冬は寒いしね。挙句の果てにそこで給食も食べた。ここまでくるとかなりやばい。麻痺してたな。カレーも食べれたもん。休み時間になると皆が見に来てさ、俺を指差して笑うわけ。笑ってた奴を覚えておいて、またぶっ飛ばす。次の日ばれてまた便所に逆戻り。そんなのばっかりだった。

一番嫌だった作戦はレベル四お詫び券制度。まったくくだらないルールだった。俺一人のために作られた、クラスだけのルール。励ましお礼券とお詫び券がある日クラス全員に配られた。励ましてもらったり、何かいい事してもらってうれしかったり、感謝したら、その人に「教科書見せてくれてありがとう。」なんて書いて渡す。それが励ましお礼券。これは褒められるべき券なわけ。でもこの券はフェイク。それと対照に、俺を抑えるためという本来の目的で作られたのがお詫び券。何か意地悪されたり、傷つくようなことを言われたときにその相手に請求できる券だ。その発券量は毎日カウントされ教室の後ろに折り紙を張りながら増えるグラフとなって、公表された。もちろん俺はダントツのトップ。

それが営業マンの業績だったら俺は、間違いなく新人でも部長クラスに昇進できたはずだ。毎日請求されるお詫び券。ストックされている券はすぐに底を尽きた。それを作るのはその本人なので、土曜日の放課後はせっせと印刷機を回して、雛形をハサミで切り分ける作業におわれてた。でもね、陰湿ないじめをしていたわけではないし、それなりに面倒見もよかったので、俺のグラフはお礼券とお詫び券両方のグラフがダントツだったわけ。それを見ながら俺は心の中でその担任を笑ってたけど。ますます嫌なガキだな。

そんな担任からのいじめにも耐え、俺は毎日学校に通った。

その担任をフォローするつもりは無いが、俺がやっていた悪行も、小学生とは思えないことばかりだったので、担任はノイローゼ気味になっていて、俺にしていることも全て正義のためと思えたのかもしれない。俺はそれを承知してしまうようなガキだった。

恥ずかしくて親にも言えない。言えば逆に大目玉を食らうしね。そうやって自分のやったことと、やられたことを隠してきたんだけれど、更にパワーアップしていく俺に対し、担任は最後の手段に出た。学級通信に俺の悪行を書き始めたんだ。レベル五。これには参った。それも実名でだ。

学級通信のタイトル「また長岡くん、○○くんをいじめる。勇気を出して皆で注意しよう！」だって。そんな学級通信を親に見せられるはず無い。泣くよ、普通。当然ランドセルに入りっぱなしだったし、溜まってくると学校の焼却炉に突っ込んでた。ところが、授業参観の後の学級ＰＴＡで俺の悪行が問題となった。オフクロも仕事が忙しく出席していなかった為に、今までの学級通信全てが、送られてきたんだ。それを見た両親に「これは本当なのか？」と問いただされたとき、嘘だとはいえなかった。両親は悲しそうな顔をしたけど、俺を叱らなかった。またそれが堪えた。それからも俺は学級通信を捨て続けたんだけど。

そんな担任との対立が続いていたある日事件はおきた。キックベース（ドッジボールを使った野球みたいなスポーツ）の学年クラスマッチが予定され、クラスからは二チーム出場しなければならないということだった。そこで担任の口から出た言葉は、俺に火をつけた。

「このクラスを優勝させるために、強いチームと弱いチームに分けます。」

「は？何を言っているんだこの人は。」

俺だけに対してだけでなく、よく差別をする先生だった。出来の悪い生徒の質問は余裕で無視する人だったから、そんな人の考えそうな安易な作戦だと心の中で笑ってた。自己申告で強いチームと弱いチームを分けた。クラスには、運動がまったく駄目なやつだっている。そういうやつらは申し訳なさそうに弱いチームの列に並んだ。大して運動神経もよくないくせに強いチームに並ぶやつもいたが、その差は歴然だった。むなくそ腹が立ち、俺はクラスでも運動が出来るほうだったけど、担任をにらみながら弱いチームの列にならんだ。

そのとき俺を見ながらほくそえんだ担任の顔をよく覚えている。えげつないやり方で決まったチームで、それぞれ分かれて話し合いがもたれた。俺は弱いチームのみんなを音楽室に集めて、ある提案をしたんだ。どうせ運動苦手だし…。どうせ俺たち目立たないし…。小学生でも自分の実力を自ら評価した後の顔は暗かった。

「なあ。勝ちたくないか。あんな分け方されて悔しくないか。悔しかったら俺が勝たせてやる。文句言うやつはぶっ飛ばすからな。とにかく俺たちは勝つために練習する。」俺にぶっ飛ばされたくないから、誰も否定するものはいなかった。多分渋々だったろうけど、俺の提案というか強制に賛同した。

次の日から、朝、昼休み、放課後、担任や強いチームの奴らに見つからないように、学校の裏庭や、近所の空き地で毎日練習した。もともと運動神経が切れてしまっているような奴らの集まりだったから、最初はひどいもんで、練習が厳しくて学校をずる休みする奴までいたぐらいだ。決まってそういう奴の家に行って、無理やり引っ張ってくるのも俺の役目だった。とにかく自信を持って欲しい。駄目だって思わないで欲しい。あんな担任に馬鹿にされて黙っていて欲しくない。善意や好意なんてもんじゃなかった。とにかく、自分の仲間が

（子分がといったほうが正しいかもな）自分以外の奴にいじめられたり、馬鹿にされるのが心底嫌だっただけだ。それと、あの駄目な大人への本当の意味でのリベンジだと思って、俺は毎日燃えた。

小学生の運動神経の差なんてたかが知れている。やっているかやっていないかの差だけだ。強いチームは、体育の時間しか練習しない。俺たち弱いチームはその時間玉拾いをさせられてたが、それ以外で俺たちは毎日何時間もストイックな練習をしていたんだ。

二週間が過ぎた頃、間違いなく俺達のチームは強くなってきていたし、それを実感している奴らがほとんどになっていた。その証拠に誰も練習を休まなくなったし、学校も休まなくなった。俺がわざわざ引っ張り出しに行くことも無くなった。俺は間違いなく、弱いチームが強いチームに勝てるレベルまで来ていることを確信していたんだ。

それを試す絶好の機会が訪れた。クラスマッチを一週間後に控えたある日、体育の時間を使って強いチームと弱いチームの練習試合を行うことを担任が発表したからだ。担任らしく「強いチームの調整のために」という名目はつけられていたけど。とにかく、このチャンスを俺は待っていたんだ。前日の放課後、皆を空き地に集めて俺は言った。

「俺たちは強い。明日は間違いなく勝てる。絶対勝つんだ。」その日の作戦会議は、真っ暗になるまで続いた。

決戦当日。強いチームの監督は担任。俺達のチームは俺。俺達のチームがコソ練した成果を出すときが来た。差は歴然！当たり前だ。こっちは毎日練習したんだ。どんな奴でもうまくなる。体育の時間の練習程度の奴らに負けるはずが無い。

圧勝。圧勝だった。途中から結果を予想した担任は、結果を見届けることなくさっさと教室へ戻っていった。試合が終わった後俺たちは抱き合って喜んだ。泣いている奴がいたのも大げさなことではない。やれば出来る。皆が自信を持った瞬間だったからだ。

ドッチボールを抱えて、俺は誰よりも先に、担任の待つ教室へ走った。外履きをほったらかして、上履きも履かずに、廊下を走り続けた。「きっと悔しがるに違いない。ここまでにした俺をほめてくれるに違いない。」そんな担任の姿を想像しながら、俺は教室のドアを勢いよく開けた。

「先生！やったぜ！俺たち勝っちゃ…」そう言いかけた、次の瞬間、ガキの俺でも理解の出来ない出来事が起こった。

「バシッ！」

俺の担任に対する微かな希望を、一発の張り手がぶち壊した。ドッチボールが俺の手から床に落ちて、悲しげなリズムを刻む。更に続く張り手の連続。でも俺は担任の目を見つめ続けた。

憎いとか、ムカつくとは違った感情がこみ上げる。「何で？何ではたかれているんだ？」妙なくらい冷静に、何発も繰り出される張り手を避けもせずに俺は受け続けていた。異常なほど興奮している担任を哀れに思った。

俺が罵声を浴びながら、張り手を受けているときに、一人また一人とクラスメートが教室に帰ってくる。黒板前の教壇の代わりにおいてある足こぎオルガンの前で、怒鳴られては張り手を食らう俺を見ながら、クラスのみんなはことの重大さを知った。

それから、授業を潰しての緊急学級会。題目は、「人の心を傷つけた俺」についてだった。興奮が冷めやらないヒステリー状態の担任は、俺を中傷し続け、クラスメートに同意を求めた。

「長岡君は、自分は運動が出来るくせに、わざと弱いチームに入り、強いチームの人たちを困らせ、傷つけた。」黒板に書かれたこの言葉を俺は一生忘れないだろう。次々と発言するクラスメート。

「私も長岡君が弱いチームに入るのはおかしいと思います。」

「わざと弱いチームに入って強いチームの人を馬鹿にしたんだと思います。」

小学生じゃ仕方が無い。担任の言うことが絶対だからな。今はどうか知らないが、当時担任に逆らうなんてことは到底できることじゃなかった。だから、俺は皆が発言することは、気にしなかったし、腹も立たなかった。それよりも、それを言わせてしまうこの担任の性格の悪さというか、資質を心底疑った。うつむいて黙ったままの弱いチームの面々。こいつらだけは俺の気持ちを分かってくれる。そう信じていた俺を、崖から突き落とすような発言を、散々俺を中傷した挙句、担任は言ったんだ。

「長岡君の行動がおかしいと思う人、長岡君が悪かったと思う人は手を上げなさい。」

全員上げるさ。上げなきゃそいつがターゲットになる。同じチームの仲間の中には、泣きながら手を上げてる奴もいたけど、そいつらも恨みやしなかった。俺は、クラスの和を乱し、強いチームの人々のプライドを傷つけた罪人として裁かれたんだ。

その瞬間、俺は教師になろうと決めた。

こんな大人が教師をするぐらいなら　俺がやったほうがましだと思ったからだ。卑劣で、弱者に対して平気で権力を行使する大人への復讐として、俺は教師になることを決めたんだ。

誰にも言わなかった。俺みたいな悪がきが教師になれるなんて誰も思わないだろうし、俺自身もそんなキャラじゃなかったし。でも、結局この時の決心が、本物になったんだから、あの担任に感謝すべきことなんだろうな。

その後も俺は、相変わらず担任と闘い続けた。体育の時間。校庭は雪解けが始まり、ぬかっていてとても使えなかった。それでも男子はサッカーがやりたくて、「校庭が使えないから、体育の時間を算数に変えます」という担任の提案に猛烈な抗議をした。まもなく担任がいつものように切れる。「そんなにやりたいなら勝手にやってきなさい！」担任の大声に気押され、威勢良く抗議していた奴らも、そそくさと席に座り、算数の教科書を出し始めたが、俺は、紅白帽をかぶり一人で校庭に行った。

ぐちゃぐちゃな校庭で、一人でドリブルしシュートする。また反対のゴールへ向かってドリブルしシュートする。そんな一人サッカーを一時間中続けた。授業が終わるころ、担任が皆を引き連れて、校庭が見える渡り廊下で俺の様子を見に来た。「皆で笑ってあげなさい。」担任がそういうと、皆も申し訳なさそうに笑った。俺はそれでもチャイムが鳴るまで一人サッカーを続けたんだ。教室に帰ると、担任は俺にバケツを渡し、廊下に立たせた。それから一週間、俺が教室で生活できなかったことは言うまでも無い。これが、教師を目指し始めたきっかけの全てである。

新しい小学校が、近所に出来たおかげで、俺は五年生から違う小学校に通うことになった。今考えると、新しく出来たM小学校はすごい学校だったな。俺はその学校で、初めて男の担任に受け持ってもらった。年配の先生だったけど、とにかく怖いし、厳しい。始業式初日、教室に入るといきなり担任に呼ばれた。自己紹介もしていないのに、俺の名前を呼ぶんだ。

何を言われたかは覚えてないんだけど、なんか大人扱いされてるような妙な気分になって、教師不信だった俺には、その先生が一筋の光になったわけだ。

ところが、日がたつにつれて不思議なことが次々起こる。初めて会う先生ばかりのはずなのに、誰もが俺を知っているんだ。どの先生も「お、君が長岡君か？」ってね。その時は、「俺ってそんなに有名人だったっけ。」なんて、自分の都合のいいように解釈してたけど、ただ単にマークされてただけだったんだ。

前の担任からの調査書によって、俺はブラックリストのナンバーワンに挙げられていたに違いない。したがって、担任も一番の実力者で、経験のある先生が選ばれた。そういうことだったんだと思う。俺が教師をやって、なるほどって思ったことなんだけどね。教師はまだ見ぬ子どもに不安を持たないことは無い。事前に配布されるその子どもの調査書が、唯一の情報の入手手段となる。プライベートの問題も含めて、あらゆることがその調査書には書かれている。基本的には、成績や、家族構成、普段の素行について簡単に書かれているだけなんだけど、問題がある生徒については、事細かに説明がつく。

今ではその記載が慎重になり、余計なことは書けなくなっている風潮にあるが、多分俺の調査書は真っ黒だったに違いない。その証拠として先生達が、俺のことを知っていたということで説明がつく。俺だってこれから受け持つであろう生徒の調査書は気になったもの。

それにも気づかない俺は、新しい学校でも相変わらずだった。五年生にもかかわらず、毎日六年生をいじめてたし、生意気な下級生をぶっ飛ばしてた。その度に、俺は担任に図工室へ連れてかれた。勿論ぶっ飛ばされにね。強烈だった。男の大人の張り手、時にはグーもあったけど、とにかく自分の顔がぶっ壊れちゃうんじゃないかと思うぐらい強烈だった。

でもね、全然憎くないいんだよね。それまでも、体罰に対して嫌悪感を感じたことは無かったし、仕方が無いなって思ってたんだ。でも、その教師を馬鹿にはしてた。今度の担任にはそういう感情はもたなかった。本当に申し訳ないなって思ったんだ。俺をぶん殴り、必ずその担任は最後にハンカチを出す。そんで自分の涙を拭いた。男の大人が泣く。衝撃的だった。俺のことを本気で何とかしようとしてるって思えるんだよね。間違いなく、真正面から受け止めてくれてる気がしたんだ。

その担任は明らかにほかのクラスメートと俺を差別した。差別というと聞こえが悪いけど、ほかのクラスメートには言わないことを俺だけには言ったり、子どもには難しいことも俺にはよく投げかけてくれてた。信頼されてる。俺がそう思えたのは、あの先生が初めてだったし、教師に対して尊敬の念を持てるようになったのも、あの先生のお陰だった。まだ出来たての学校には、体育館も校歌さえも無く、一年目は児童会みたいなものも無くて、俺たちが六年になってから本格的に組織化され始めたんだ。そして、俺はその小学校の第一代児童会長となった。

今考えると、担任の計画に俺はまんまと乗ってたんだな。信頼されて、何かを任されると、人間は大きく変わってくるものだ。人の上に立って、何かを進めたり、何かを作っていくことに知的興奮を覚え始めたのはそのころからだ。ガキ大将はガキ大将だったけど、俺の中で何か大きな変化があった時期だ。

卒業以来、年賀状のやり取りぐらいで、その先生に一度もお会いしていない。「俺でも教師になれました。」って一番言いたかった先生だけど、一度も言えずに教師を辞めてしまった。俺の仕事場の机の上には常にいくつかの辞書が置いてある。その中のひとつ、国語辞典は、小学校六ヵ年皆勤のお祝いに、その先生から個人的に頂いたものだ。辞書の一番最後のページに綴られた言葉を、俺は今でもよく眺めている。俺はそんな先生のようにはなれなかったけど、尊敬できる教師として、様々なことを学ばさてもらった。

卒業式の時、先生には内緒で、一人一人の写真を撮り、メッセージを添えたアルバムを創ったんだ。授業中に先生の後姿を隠し撮りしたり、廊下を歩いている姿を激写したりしてね。卒業式のクラスの解散会の時、俺からそのアルバムを渡した。絶対泣かないと思っていた先生が、大声を出して泣いた。「お前ら、こんなことしやがって。」ハンカチで目を押さえながら、号泣する先生を見て、俺もクラスの皆も泣いたんだ。

涙が出るってことはさ、そのときの感情だけじゃないんだよね。それまで積み重ねてきたことや、経験が、涙をつくってる。

その節目に、その弁が解き放たれて涙が出るんだ。真剣でなかったり、本気でなかったときの節目には、蓄積されてるものもないから、涙も出ない。俺も、先生も、真剣にぶつかり合ってたんだし、真剣に信頼しあってた証拠なんだと思う。

2 閉ざされた時間

俺は最高の小学校時代の締めくくりをし、期待と不安を胸に中学へ進学。小学校のころから野球に夢中だった俺は、当時地元では負け知らずの強豪チームのある中学への進学に心躍っていた。しかし、その反面、卒業式に警察が出動するぐらいの荒れた学校でもあった為に、不安も相当なものだった。

不安的中。入学式早々、たくさんの団体からお呼び出しを受けた。部活動やその他の団体から、次々とお誘いを受けた。しかし、勧誘ではない。「お前か、生意気な長岡ってのは?」自業自得だった。小学生時代は、先輩後輩なんて縦社会はなく、上級生ともよく喧嘩するわけだ。とにかく上級生相手によく喧嘩してた俺は、当時俺に泣かされた者達の格好の餌食となった。中学に入ると、そのへっぽこどもが、「先輩」という名に守られた、雲の上の存在になってしまっていたんだ。そんなことを微塵も想像もしなかった俺は、三年生の大きな体に囲まれて、脅されまくった。あんまり動じなかったけど。

しかし、野球部だけは別格だった。当時全国大会に出場を決めた野球部には、野球も上手いが、そっちの筋でも名の知れた人ばかりで、みんなえらく大人に見えた。威圧感も全国級。結局、第一希望の野球部にまで、入部を拒否され、俺は泣く泣く野球部入部を断念した。

「野球はやらないよ。」と口にすると、両親をはじめ仲間たちが、「何でだ？」と詰め寄ったが、理由は言えなかった。もう時効だから言うが、俺も野球がしたかったから、拒否されても、何とか食い下がったんだ。「どうしても野球がやりたいんです。入れてください。」ってね。「入ってもいいけど、毎日ボコるぞ。そんで、お前の仲間もやるからな。」簡単に言うとそんな内容だった。俺はいいけど、俺の仲間たちまでやられては申し訳ない。俺の仲の良かった奴らの大半は野球部入部希望だったから、なおさら諦めざるを得なかったんだ。

運動系の部活の全てに港を閉ざされた俺は、結局ノーマークの地味な陸上部へ入部した。運動系の部活の一年生は坊主頭を強制されていたのに、陸上部だけはそれがなかった。「お前、坊主にするのがいやだから、陸上部なんだろ？」なんて笑われながらも、俺は本当の理由を誰にも告げることもなく、不完全燃焼の中学時代をすごした。

学校はつまらなかったけど、外での活動に目覚めたのはこの頃だ。俺は幼い頃から、演劇を見せてもらえる環境にあった。「子ども劇場」（以下劇場）という団体に入り、三ヶ月に一回はこんな片田舎であっても演劇を見せてもらっていた。劇場は、演劇鑑賞だけではなく、様々な活動を通して、子ども達の自主自立を促す活動をするところだった。キャンプに行ったり、お祭りをしたりと、自分の学校以外の仲間がどんどん増えた。

中学に入ると、中学生だけの組織が出来て、県内交流会、北信越交流会、全国交流会と、人との交流の場がどんどん広がっていった。中学生部の部長をやっていた俺は、ことあるごとに、様々な会議に出かけ、大人をはじめ、沢山の同世代との交流が持てた。

その頃からかな、まじめな話を人前でするのが恥ずかしくなくなり、また、自論ってものを人に語ることが出来るようになったのは。普段考えなかったことや、知らなかったことが話し合いを繰り返すうちに、自分の中に蓄積されていった。それを大人たちに認めてもらえること、中学生でも、何かが出来るという事実を、劇場には教えてもらったような気がする。学校で燃焼できない分、俺は外での活動に生きがいを感じて生きていた。中学の仲間たちにはそのことは一切話をしなかったけど。子どもの権利条約について知ったのも、劇場の活動の中からだった。

「どうして自分の学校を選べないのか？」

「なぜ、高校から、受験というものが必要になってくるのか。」知れば知るほど、疑問を持ち、その環境にいる自分に照らし合わせると、憤りを感じることばかりだった。今まで、自分の生まれた場所で育ち、同じ世代の人間たちと、近くの同じ学校に何の疑いも持たずに通ったのに突然高校になると、「おまえの頭の出来は何点です」という看板を首からかけて生活しなくてはならない。何でそんなことをする必要があるのか。人間を、そんなレベル別に区分けする必要性はどこにあるのか。それによって生まれるメリットはいったい何なのか。俺には到底理解できなかったし、現在でも嫌悪感を持っている制度の一つだ。

中学三年になると、自分の周りでもせわしく受験の風が吹き始めた。今まで、普通に仲良くしてた奴らに、希望校別の嫌なグループ分けが生じてきたんだ。「俺は○○高校に決めた。」「どうせ俺は○○高校にしか行けないし。」「お前も馬鹿だから、どうせ○○高校がいいとこだろ?」そんな会話を聞けば聞くほど、嫌気が差した。

偏差値では上位の高校を受験する奴が、低辺校と呼ばれる学校を受験するやつを馬鹿にした時、馬鹿にしたやつを関係のない俺がぶっ飛ばしたことがあった。何でそんなに腹が立ったのか分からなかったけど、人間にラベルを貼って分けるような行為が、俺はどうしても許せなかったんだ。

すぐに担任と生活指導の先生に呼び出され、わけの分からない、反省文を何枚も書かされたけど、内容は全て、高校受験の輪切り選別制度に対する不満ばかりを書いた。反省文ではないと何度も書き直しを命令されたが、俺の疑問に対して、担任や生活指導の先生は何も答えてくれなかった。

「そういうもんなんだから、仕方がない。」やっと担任が答えた短い回答。「何じゃそりゃ？冗談じゃない！」あなたたちが正確に答えられないものに、俺たちは、友情もプライドも捨てて挑まなければならないのか？そう思ったときに、俺は高校受験を拒否しようと考えた。俺に出来ることはないかと、授業中に抜け出して、「高校受験輪切り選別制度反対」と書かれた自作のビラを駅前で配ったこともある。すぐに警官に補導されて、また反省文を書く日々が続いたんだけど。俺は悩んだ挙句、「自分で選んだ学校にいく」と決め、地元の高校への受験はやめて、県外の高校を受験することを決めた。

そんな俺に、ひどい仕打ちが待っていた。高校受験失敗。余裕で受かると思った。こんなもんで俺を判断されてたまるかって、絶対に受かってやると望んだ受験。私立だったから、公立より2ヶ月も早い合格発表。目の前が真っ暗になった。俺は、自分が反対していたものに負けたんだ。今までのことも、全て負け犬の遠吠えとなった気がして、余計に落ち込んだ。不覚にも、不合格を告げにわざわざ家まで来た大嫌いな担任の前で、涙を流した。

家族の慰めも、更に俺を孤独にした。冗談で「お前は落ちるよ」なんて冷やかしてた奴らから、励ましの電話が次々と鳴り、「冗談だったんだよ。ごめんね。」なんていわれると更に落ちた。

とにかく、それまでの自分のプライドや自信が、一気に崩れ落ち、誰もいない地下何百メートルの深海の底にいる気分だった。まるでシーラーカンスだった。

笑える話だが、そんなどん底な俺に、翌日待っていたのは、生活委員会のおはよう週間。校門にたって、登校してくる生徒たちに「おはようございます」と挨拶する仕事の当番日だった。。朝刊の合格者名簿に俺の名前がないことを知っている奴らは、俺を遠ざけて校門をくぐる。知らない奴は「どうだった?・受かった?・」って聞いてくる。地獄だった。何で俺がこんな目にあわなければならないんだって、世の中をうらんだ。

それからの俺は、何にもする気がなく、荒れた生活を送ってた。授業もサボり、悪さばかりを繰り返してた。

そんな折、悪さが見つかって、担任に呼び出されたとき掛けられた言葉。「そんなんだから、受験に失敗するんだ。」完全にひいた。

もともと嫌いな担任だったけど、人間として軽蔑した。それから、担任の言うことは一つも首を縦に振ったことはなかったし、話をしたこともなかった。公立の受験や、他の私学への受験を、担任や学年主任、更には校長までもが勧めてきたが、俺は拒否し続けた。高校なんて行かない。そんなところに行かなくても生きて行ける。高校受験をしないと断言したまま、俺は中学を卒業した。

卒業後も、毎日のように学校に呼びだされた。「高校に行け。あそこならまだ二次募集をやってるぞ」担任の言葉は自分の生徒から中学生浪人を出したくがない、大人独特の保身のための言葉に聞こえて反吐が出そうになった。校長に説得されても、俺は首を縦に振らなかった。

そんな時、以前お世話になったある人に偶然出会い、進路について聞かれた。

「俺、高校行かないんです。」

「野球やらないんだ？甲子園諦めたのか？もったいねえな。」

今まで掛けられた、どんな慰めの言葉にもない、強烈な言葉を投げかけられた。そうか。俺甲子園に行きたいんだっけ。中学でも野球できなかったから、絶対高校に入ったら、野球部に入って甲子園に出場するんだっけ。雷が落ちた気がした。受験失敗のショックで、自分の目標さえも見失っていた俺にとって、しびれる言葉だった。

当時、高校野球のルールで十八歳までしか、公式試合に出れなかった。浪人して入った生徒は、三年生のときに公式戦には出れない。ということは、来年再受験して、入学しても、二年間しか野球が出来ない。もったいないし、損するな。どんな状況でも俺は単純である。たったそれだけの理由で、どこでもいいから高校に進学することに決めた。もう三月も末になってからのことだ。

たまたま、地元の私立高校の二次募集があるということで、高校進学を担任に告げた翌日、俺は、母校であり、教師として教壇に立つことになった高校を受験した。合格。即日発表だった。うれしかった。受験失敗に落ち込んでいた俺にとって、久しぶりの光だった。

しかし、喜びは束の間だったんだ。俺を拾ってくれた学校は、私立で、いわゆる公立高校の受け皿的存在であり、「荒廃校」だったからだ。校名が変更され、校舎も移動されたばかりだったので、「あの学校は変わってきた。」と巷では噂されてはいたが、地元での認識はそう簡単に変わるものではない。その証拠に俺がその学校に合格した知らせを聞いて、ある仲間がこんなことを言った。

「え？長岡くんがあんな学校に行くの？いいのそれで？」

あんな学校…。そう、俺達の世代の中でも、俺の学校はあんな学校と称される学校だった。そいつは、地元でも偏差値が一番高い進学校に進学が決まっていて、テストの点数を競い合ってた俺に対して、勝ち誇ったように投げかけてきた言葉だった。むなくそ腹が立った。そいつに対してもそうだけど、こういう環境をつくっている社会に対して。そこで、こそこそと、地味に高校生活を送るほど、俺は終わっちゃいなかった。逆に、中学時代の鬱憤を、高校で晴らしてやるぞとやる気満々だった。そして、俺はその晩、なかなか寝つけなくて、ひとつの野望抱いたんだ。

すげえ学校にして、胸張って卒業してやる。

3 この世の終わり、そして復活

希望と不安を胸に高校に入学。中学のときのようなお呼び出しはなかったが、廊下をすれ違う上級生達の刺々しい視線にビビリながらの高校生活のスタート。俺のクラスは進学コースだった。進学コースと聞けば聞こえがいいが、内情はひどいものでクラスの大半が高校受験失敗組。推薦入学で入った２人を除いて、全員が受験失敗を経験していた。まるで「この世の終わり」って顔した人間が四十人。先が思いやられた。

しかし、すぐに仲間は出来た。同じ傷を持ったもの同士だから、共通点は多かったわけだ。最初はみんな、この学校の奴らと一緒にはなりたくない。絶対いい大学に行って、馬鹿にした奴らを見返してやるって意気込んでた。そんな熱はすぐに冷めていった。所詮は多感な時期の少年少女。周りに影響されないはずがない。

一ヶ月もしないうちに、クラスの雰囲気が変わった。授業中でも誰一人、口を開かなかった大人しい奴らが、突然荒れはじめた。最初は女の子から。髪は染めるわ、教室でタバコは吸うわで、ひどい有様になった。時同じくして、担任のS先生が、病気で入院し、俺達の担任はいなくなった。副担任だった年配の先生も、腰の骨を折って入院。俺達の担任は誰もいなくなった。

クラスは荒れるわ、担任はいないわで、ルーム長を引き受けてた俺も、嫌気がさしてきた。「自分のクラスがこんななのに、学校なんて変えれっこねえや。」当然野球部に入り、すぐさま試合に出してもらっていた俺は、クラスどころじゃなかった。

三年間のブランクを埋めるべく、俺はがむしゃらに野球がしたかった。そして、今考えると、恥ずかしくて口に出すことも抵抗があるが「甲子園に出れば、学校は変わる」と、真剣に信じていたんだ。

しばらくして、臨時の担任が我がクラスにやってきた。有也先生との出会いである。有也先生が、教頭から俺達のクラスに紹介されたとき、誰もがいいリアクションを示さなかった。なぜなら、担任がいない生活が、高校生にとってはとてもいい環境だからだ。遅刻しようと、早退しようと、休もうと、怒られる人がいない。荒れに荒れていたクラスにとっては好都合だったわけだ。強面で無愛想な男性教師を目の前にしたとき、自分達の好環境が壊される危険性を感じたからかもしれない。有也先生も、一言二言口にして、教室を去った。特に女子のブーイングはひどいものだった。

担任は来たものの、依然クラスは荒れ放題。謹慎者も続出。少しづつ、俺はクラスに行くのが嫌になっていた。さんざん悪さをやってきた俺が偉そうなことはいえなかったが、くだらないエネルギーを使い、大事な何かを自ら捨てていくような言動を繰り返す仲間たちを哀れだと思ったし、情けなく思った。「こんなんだから、世間に馬鹿にされるんだ。自業自得じゃねえか。」その時点で、半分、いや九割以上、入学する前に描いた野望は消えかかっていた。

それからしばらくしてのことだ。俺の左半身は突然動かなくなった。中学から患っていた、頚椎と腰椎の椎間板ヘルニアの症状が悪化したのは、野球部に入部してしばらくのことだった。部員数が少なかった野球部だったので、すぐさま試合に出させてもらうことが出来た。三年の先輩を差し置いての試合出場ということもあって、先輩たちからのプレッシャーもあった。一年生は、絶対に何があっても練習を休めない。休めば一年生全体で責任を取らねばならない。その責任の取り方はここでは書けないが。とにかく、どんなに腰や背中が痛くても、練習を休むことが出来なかった。

それでも、症状に耐えられなくなると、硬膜外注射という一種の麻酔を打ってもらう。これがめちゃくちゃ痛い。看護婦さんに頭と足を抑えられて、えびのように丸まった背中に、ブスッってやるんだ。今まで体験したことのない痛みが、頭の上から足の先まで、雷のように走り抜ける。しばらくは動けないいんだけど、痛みがひいてくると、同時に、慢性的にあった痛みもなくなる。

しかし、根本的な症状改善の治療とは言えなかった。担当の先生も「一生のうちで四、五本が限度だよ。」と念を押して忠告したが、練習は休めないし、練習に出れば症状は悪化する。耐えられないからまた注射を打つ。この繰り返しだった。

「もう打てないよ。これ以上は危険だから。」そう断られると、病院を変えてまた打った。そんな無茶を繰り返していれば、体は自然と壊れるものだ。俺の体は自らの機能を遮断してまで、俺にそれを教えたんだ。

最初は、夢だと思った。夢の中で自分の手足が自由にならないだけなんだと思ったんだ。もう一度目を瞑り、本当の目覚めを待ったが、時がたつにつれて、これが夢ではなく現実であるという残酷な認識が芽生えてくる。大声で叫んで両親を呼んだが、親だってそんなこと信じられるはずもない。ただただうろたえる俺に「どうしたんだ。」と問いかけるだけだった。左腕と左足に感覚がない。あるのは左半分がなくなってしまったような感覚だけだ。

即日入院。ＩＣＵでの地獄の生活が始まった。ＩＣＵには重病患者しか入ってこない。左半身は動かないが、意識はしっかりしている俺にとって、自分が置かれている立場が理解できることが更に悲惨だった。不安そうな両親を横目に、このまま一生動けないんだろうかと今までにない恐怖感と戦っていた。症状は日に日に悪くなり、かろうじて動いていた左腕もまったく感覚がなくなり、背中と頭に激痛が走り、それがやがて継続的に鈍痛として残るようになった。とてもじゃないけど寝れない。痛みで寝れないのは当然で、それより厄介だったのが、これからの自分を考えたときの絶望感による不眠だった。

人は、自分が健康なときは、そうでない人を哀れだと、同情の念を抱く。しかし、それは同情であって、本当にその人の気持ちになりえることは出来ないのだ。だから、健康な状態で生きることの幸せを忘れ、不満を漏らし、自分は世の中で一番不幸だと愚痴をこぼす。今までの俺もそうだったかもしれない。車椅子を見て「大変だなあ。がんばってるなあ」とは思っても心のどこかでは「自分は絶対にああならないから大丈夫。」と安心してたんだ。

現実に自分がその立場になったときすべてのものを否定したくなる。学校、社会、病院、仲間、家族、そして、自分自身の今までの人生全てを否定し、投げやりになる。どうせこのままなんだ。車椅子に頼らないと動くことも出来ない人間なんだ。この病気を治そうとか、元気になるために努力しようなんて、とてもじゃないけど考えられる精神状態ではない。動けないから、排尿や排便まで看護婦さんに手伝ってもらわねばならない。十六歳という多感な時期。プライドはズタズタにされた。夜になると更に不安は増幅する。俺の病室ＩＣＵには手術後の患者が続々と入ってくる。ほとんどの患者さんが、人口呼吸器で命をつないでいた。

「シューーーッコン。プシュー。」繰り返される呼吸器の音が、病室に朝まで鳴り響く。その音がだんだん大きくなるように聞こえてくる。ほとんどノイローゼだった。その呼吸器の音にあわせて歌を歌う頃には相当やばかった。ＩＣＵには一日に一度しか面会者が入れない。それも両親限定だった。頭巾をかぶり、マスクをした姿で毎日通うオヤジやオフクロの表情は見えなかったが、間から見える目の表情で、自分以上に辛いんだということが受け取れた。親不孝ものだと自分を責め、更に自分の存在を消したくなった。両親は決まって、

「まだ、原因が分からないんだって。大丈夫だよ。すぐ良くなるって。」と慰めの言葉を俺にかけたが、いつも、すぐさま担当医に連れられて病室を出て行った。

絶対に何か隠している。先生とは何か話しているはずだ。それを教えてくれないのは、もう俺が駄目だって証拠だ。じゃなければ、こんなＩＣＵにずっと入れられてるはずがない。両親が去った後、いつも極度の不安に襲われ、精神状態はどん底になった。なかなか寝付けない夜が続いたある日。人がすすり泣く声で俺は目を覚ました。

隣のおじいさんが亡くなっていた。「ご愁傷様です。」の言葉が俺の心臓を激しく揺らした。心停止を知らせるブザーが鳴り続ける。。タンカーで運ばれていくおじいさん。空いたベットの布団は片付けられ、その上にお線香がたかれた。病室の中を漂うお線香の香り。入院して初めて俺は震えて泣いた。怖くて怖くて仕方がなくて、声を押し殺して泣いたんだ。それから、一週間のうちに四人の患者が亡くなり、また新たに術後患者が運び込まれる。

「明日は俺の番だ。」そんな破滅的な言葉ばかりが頭の中をジェット機のように飛び回った。入院三週間目。病状は好転しなかったが、少しずつだが、「自分の出来ることは自分でしてもいいよ。」と言われ、俺はすぐさま「トイレは行ってもいいですか？」と嘆願した。時間はかかったが、車椅子に自分で乗ることが出来たので、あの恥辱的時間から解放されたいが一身で許可してもらった。それが、一番自分を傷つける結果を招くとは知らずに。

ある日、トイレに行こうと車椅子で病室を出た。ＩＣＵから自力で出られる患者は俺一人だけだったろう。看護婦さんは嫌な顔をしたが、あの恥ずかしさから比べればどうってこと無かった。自分のいた病棟の車椅子専用トイレにたどり着くと、使用中のランプが点灯してた。違う病棟のトイレまで行ってみようと思い、そこで待つのをやめた。長いスロープを渡り別病棟のトイレにつくと、そこも使用中のランプがついてた。

「ここもかよ。」俺の膀胱がいくらでかいからと言って、そう長持ちするものでもない。尿意は更に強くなる。そこでしばらく待ったが、出てくる気配がまったくない。車椅子の人が自分の用を足すのにどれだけ時間がかかるかを経験上分かっていたので、責めることも出来ないでいた。もう一度自分の病棟まで戻ろうと、車椅子を急がせた。

自分の足で歩いている人には、まったく気づかないだろうし、ましてや、車椅子でも気づかなかったことが、俺に立ちはだかった。来るときにはすんなりと渡れた病棟と病棟をつなぐスロープ。実は緩やかな角度がついていたんだ。来るときは下り。帰るときは当然上りだ。

右腕しか使えない俺は、その坂を登ることが出来なかった。ある程度まで上ると、車椅子は左を向き、少し下る。また戻して上ろうとするが、無残にも車椅子はまた回ってしまう。俺の膀胱は限界に来ている。でも進めない。焦りが絶頂になったとき、ひとりのおばあさんが俺に声をかけた。「大丈夫？私が押してあげるよ。」自分の旦那さんの看病に来ているのか、腰が曲がった、高齢のおばあさんがそこにいた。自分で歩くのもままならないおばあさんに、俺は車椅子を押してもらった。

涙が止まらなかった。おばあさんの好意に感動したんじゃない。俺は、そんな高齢のおばあさんの手を借りなくては、トイレにさえいけない人間なんだって、情けなくて、悔しくて涙が出たんだ。俺は今まで、自分で死のうと思ったことはなかった。自殺をする人間の気持ちなんかこれっぽちも分からなかった。でも、その瞬間、死んだほうがましだって思った。おばあさんのお陰で、無事トイレには間に合ったんだけど、おばあさんにありがとうさえ言えないぐらい、俺の生きる力は無くなっていた。

それからというもの死に向かってしか物事を考えられなくなった。俺が死んだら誰が泣いてくれるんだろうか。俺が死んだらやっぱり火葬されるんだろうか。俺が死んだらそのうちみんな忘れるんだろうな。

俺が死んだら。俺が死んだら。死ぬことを前提にして生きるようになっていた俺は、遺書を書こうと思いついた。オフクロにスケッチブックを買ってきてもらって、ベットのパイプや、点滴、俺を悩ました人工呼吸器、たった一つだけ付いていた小さな窓から見える山稜を、遺書代わりに何度もスケッチした。言葉で残す遺書は、もし、万が一自分が生き残ったときに恥ずかしいものとなるが、絵だったら、どちらの場合でも通用すると、妙な部分で冷静に判断した結果だった。

毎日、何時間もの検査をし、立ち方や寝返りの様子をビデオに撮られていた俺は、まるでモルモットだった。何の為に生きているのかわからなくなっていた俺に、一筋の光がさしたのは、入院から一ヶ月後のことだ。検査結果を、俺自身がはじめて聞くことが出来たんだ。診断は「脊髄症」具体的な疾患は不明だったが、脊髄の病気だということは分かったようだ。何もわからない状態から、病名が分かるだけでも、トンネルから抜けた気分になれる。担当医に「君次第で、充分回復する可能性はあるし、病気も治るよ。」と言われたときには、お世辞でも、心からうれしかった。その頃、初めて両親以外の面会者が訪れ、担当医も気分転換になればと許可してくれた。

有也先生が面会にきた。俺は先生とは一週間ぐらいしか、関わっていなかった。先生が担任代行として俺達のクラスに来てすぐに俺は倒れたから、ゆっくり話をすることさえなかった。クラスのみんなが書いてくれた励ましの手紙と、学級通信を持って来てくれ、今のクラスの状況、学校の様子、野球部の様子などをやさしく話してくれたんだ。

有也先生は、ありきたりの励ましはしなかった。常に俺が帰ってきてからのことや、今のクラスに手を焼いてることを俺の意見を求めるように話をした。

俺はまだ生き続けてやることがあるのか?帰る場所があるのか?待っていてくれる人がいるのか?そんな希望を失っていた俺に、有也先生は、常に俺の復帰を考えた具体的な話をしてくれた。大人を「かっこいい」と思ったのは、有也先生が初めてだったかもしれない。

子どもの話に、しっかり耳をかたむけ、うなずきながら共感してくれる大人だった。妙に自分が大人扱いされている気分になり、早くこの先生と学校生活を共にしたいと思った。俺より先に倒れた前担任も、病状が悪く、大きな手術を受けねばならない状況だというのを、有也先生から聞いた。身近に同じ境遇の人がいる。同じ苦しみを持ち、それでも、前担任は俺のことを心配しているという。

断崖絶壁から、一歩、下がった気がした。何とか病気と闘っていこうと考え始めたのはそれからだった。何か目標がないと、俺は燃えない。ましてや、自分で歩けるとか、学校に戻れるとか、そんなちっぽけな目標で、このどん底から這い出せるわけがなかった。

有也先生が、訪れてくれたとき、「学校に戻ったら、また、野球をやって甲子園目指してがんばるよ。」と自分の目標を伝えた。有也先生は、あまり嬉しそうでなかった。「そっか。お前また野球部に戻っちゃうんだ。そしたらクラス作りや、学校改革は出来ないな。」と難しい顔をした。俺にとっては、そんなことはもうとっくに頭の中から消えてしまっていたことだったので、瓢箪から駒だったが、この人は本気で俺が学校に戻ってくると信じていると感じる言葉だった。

「どうしてお前はそんなに甲子園にこだわるんだ?」有也先生は静かに俺に尋ねた。「小学校からの夢だったし、野球やっている奴はみんな目指しているよ。甲子園に行けば、学校だって変わるさ。」そう俺が答えると「本当にそう思うか。」と真剣なまなざしで、今までとは違うトーンで俺に言った。「本当に甲子園に出場すれば学校が変わると思うか？」甲子園行を否定する先生に、疑問を感じつつも、俺は俺なりの自論をぶつけた。

「学校が有名になれば、馬鹿にする奴もいなくなるし、生徒も学校に誇りが持てるよ。」

「甘いな。まだまだお前は甘いよ。」

有也先生はそう言って、少し笑った。なんだか悔しくなった。甘いという言葉の持つ意味が、当時の俺にはよく理解できていなかったから。ただ単に、何とか目標を持てた自分を否定された気がして悔しくなったんだ。俺はそれから、自分の自論を証明させる為には、いち早く病気を治し、学校に復帰し、野球を続けなければならないという、強い信念を持ち始めた。

急に今までの落胆振りが馬鹿馬鹿しくなり、早くこんな場所から出なくてはという思いに、急激に変化したんだ。人間は立ちはだかる壁に不安を抱くが、その壁がないと本当のエネルギーを放出できない。病室に硬球を持ち込み、天井に向かって投げては、取りこぼしての繰り返しで、「ここはＩＣＵなの。絶対安静の患者さんの来るところなのよ！」と看護婦さんに毎日怒鳴られたり、ベットのパイプに自転車のチューブを括りつけ、動く右腕を鍛えたりと、とにかく前向きに、復帰に向かって進み始めた。もう一度マウンドに立つ為に。甲子園のマウンドに立つことを夢見て。

脊髄の髄液を取るためと、背骨の状態を確認するための手術が行われ、俺の背中にドリルがぶち込まれた。今まで味わったことのない痛み。麻酔がかかっていると分かっていても、ゴリゴリと背骨に穴を開ける感覚が痛みに感じる。二時間程度の手術のあと、俺は三日間、うつ伏せのまま動けなくなった。麻酔が切れた途端、とんでもない激痛が全身を襲い、寝返りが打てないから、首や肩や腰が痛くて寝れなかった。それでも、俺は隠れてチューブを引いた。復帰を目指していた俺に退院の日が訪れた。病状はなんら変化なく、体の痛みも引いてはいなかったが、気持ちだけは、回復しているときだった。

検査結果を踏まえて、告げられた診断は社会復帰不可能。残酷な言葉だった。。優しい担当医から、淡々と説明される病状。俺はうわの空で聞いていた。

「もう学校も諦めましょう。車椅子での生活が必要不可欠となるから。車椅子でも立派に生きている人たちもいるんだよ。君なら新しい生き方を探すことが出来るよ。」俺はもう自足歩行は出来ないと診断されたんだ。学校もそして野球も甲子園も俺の未来から削除された。

残されたのは、何のダメージもないやる気満々の頭と、相棒をなくした右腕右足だけだった。左半身の変わりに、俺の相棒として車椅子が用意された。乗る気がしなかった。乗って退院するのは嫌だった。「新品を買わなきゃね」なんてオフクロは言ったけど、全然うれしくなかった。何の希望も持てないまま、俺はその病院を退院した。

あの呼吸器の音や、線香の香りからは解放されたが、俺には喜べるものが何もなかった。翌日、オヤジが学校に退院の報告と、退学届けを貰いに行った。「仕方がない。学校は諦めろ」そうオヤジは言ったけど、俺はどうしても諦め切れなかった。学校がなかったら、野球がなかったら、甲子園がなかったら俺は何を目標に、生きればいいんだ。それが分からなくなっちまう。だから、退学届けを出すのを少し待ってください。微かな希望だが、両親を説得した。

復帰できなくとも、在籍しているだけで、俺の生きる糧になると判断した両親は、退学届けを出すことを辞めてくれた。しかし、しばらくして俺の病状は悪化。高熱が続き、別の病院へ再入院することとなった。その病院も脳神経系の病院で、目覚めたときにＩＣＵにいた俺は、また人工呼吸器たちと再会することになった。繰り返される体質改善の点滴とリハビりの毎日。まったく病状はよくならなかったが、今度の病院は街中にあったために、お見舞いに訪れる人が多く、退屈しなかった。変わり果てた俺の姿を見て、涙する人もいれば、元気そうでびっくりしたと、お世辞を言う人もいた。とにかく人と話せてうれしかった。
ベットの上から動けなかったが、話をすることには不便がなかったので、気持ち的には以前と変わらない自分を取り戻しつつあった。病室からは、ある高校が見えた。点滴が終わると窓際に行き、大声ではしゃぐ高校生を恨めしそうに眺めるようになった。

「俺はいつ学校に戻れるんだろう。」

元気な高校生を見れば見るほど、不安になった。病状も変わらないまま、また同じ診断を受けて俺は退院した。退院後、思い切って学校に行ってみることにした。歩くことは出来ないので、松葉杖と、誰かの支えが必要だったが、動かない左足をかばいながら、タクシーを使っての登校だった。それでも、俺はうれしかった。学校復帰は不可能と言われて退院した俺が、校門をくぐれたんだ。玄関には有也先生とクラスの仲間数人が出迎えてくれた。三人に抱きかかえられながら教室に。四ヶ月ぶりの教室だった。クラスのみんなは温かく俺を迎えてくれたが、俺がいなかった間に、クラスは更に荒んだ雰囲気を醸し出していた。六人は喫煙の謹慎で教室に姿はなかったし、授業もめちゃくちゃだった。ルーム長として、以前は注意できていた俺も、そんなことを言えるような状況ではないことをわかっていた。

学校に魅力を失ったんだ。一番身近なクラスが、こんな状態で、一番可能性があるクラスがこんな状態で、いったいどうやってこの学校を変えろって言うんだ。この半身不随の俺に、何が出来るっていうんだ。自分の不甲斐なさを嘆き、仲間たちを哀れんだ。トイレに行くにも仲間の手を借りなくてはならない状態での、強行登校も長くは続かなかった。学校から帰ると、また高熱が出る。

何の希望もない学校に行く気力さえなくなる。それでも、一筋の光が俺を支えてくれた。有也先生だ。朝、俺が学校に行けそうかどうかを確認すると、車で迎えに来てくれ、学校が終わると、車で送ってくれたんだ。車の中で、クラスのこと、学校のことを、よく話し合った。有也先生は俺を生徒扱いしなかった。まるで、おれを同じ教師として話をしてくれているようだった。

「あいつはさ、ああ見えてもいいところがあると思うんだ。お前だったら、あいつをどう救う？」「今度の文化祭はさ、学校中の度肝を抜くようなことをやらないか？なんかいいアイディアないかな。」俺の意見を求めている。俺の力を欲しがっている。そう感じた俺は、この先生のために学校に残ろうって思い始めたんだ。この人の力と、俺の力があれば、クラスは変わり、あのクラスが変われば、学校だって変わる。勝手にそう思い込んでた。自分がもう一人の担任なんだって、勘違いしてたところもあるんだな。

それからは、無理して学校に行くことは辞めて、自分の体の回復に全力を費やした。藁をもつかむ気持ちで、ありとあらゆる治療を試みた。漢方、針灸、指圧、祈祷なんかもしてもらった。そんな頃奇跡が起きた。「末期のがん患者のがん細胞をなくした先生がいる」と親戚のおじさんから紹介を受けて、県外のある診療所にいった。

小さな診療所に木製のベットが一つ。治療はごく簡単。猛烈な痛みを伴う指圧だった。両手をタオルでベットの柵に縛られ、口にタオルをくわえた状態で、治療は行われた。最初は感覚がある右側から攻められる。「・・・・・・・・！」悲鳴すら出ない激痛。泣いた。痛くてないたのは小学生以来だった。

それから、感覚のない左に移る。当然痛くない。感覚が麻痺しているからだ。ところが、二度、三度、兄貴に乗せてもらって、片道四時間の道のりを通っていると、だんだん痛みという感覚が戻ってきたんだ。

そのうち、左を攻められても泣くようになった。痛くて流した涙か、それともうれしくて流した涙かよく分からなかったけど。とにかく、完全にはよくならなかったけど、左手の感覚がほぼ戻り、自転車が右足で漕げるほどにまで回復した。

その後も、針灸や指圧でリハビリを続けた俺は、倒れてから九ヵ月後。自足歩行が出来るまでに回復し、学校に、自分の足で戻ることが出来たんだ。長岡秀貴、第二の人生がスタートした瞬間だった。出席日数を大幅にオーバーしていた俺に、冷たい先生もいたが、留年しても学校は続けるつもりで、無遅刻無欠席で学校に通った。

担任が必死で学校にかけあってくれたお陰と、学校の恩赦もあって、「来年の様子を見てから判断する」という条件付だったが、仮進級を認められた。野球部に戻ろうか戻るまいかを迷っていた俺だったが、俺が死の淵からから舞い戻った使命は、甲子園行きではないと判断して、小学校からの一つの夢にさよならを告げるため、野球部に退部届けを出した。それを報告しに、有也先生の研究室に行ったんだ。

「お帰り。さあ、ここからが始まりだ。」

4

西から陽はのぼる

学校復帰を果たした俺は、早速担任と話し合いを持った。まずは、今のクラスをどう改革していくかってことを。謹慎者が続出し、進学コースとは名ばかりの荒れた授業。希望をもてないクラスメートたちをどう変えていくかが最初の仕事になった。

「このクラスをまず変えて、学校のリーダー的存在にする。そして学校全体を変えていく。」

これが、俺達の考えた学校改革の基本方針だった。

入院生活で、俺は今までと違う自分を手に入れていた。時間は腐るほどあったから、今までの自分を振り返り、これからどうすればいいかをゆっくり考える時間があった。その時間が俺をちょっとだけ大人にした。

いままでだったら、素行の悪い奴はほっとけばいいと思っていたし、関わりたくないと言う思いのほうが強かったが、その仲間をどう変えていくかと言う気持ちをもてるようになっていたんだ。ある意味教員の心意気と言うか、大人が子どもの面倒を見るような心境を手に入れてた。だから、一歩引いて、そいつの気持ちになって物事を考えることが出来た。同世代だから、気持ちが通じ合えば、すぐにことは好転した。

俺は荒れている奴らから、積極的に話し掛け、今の不満を聞いた上で、俺の理想を熱く語った。「このまま、俺たちは終わっちまっていいのか？馬鹿にされたまま、誇りのもてない学校を卒業するのか？」って真剣に訴えた。

もともと頭の切れる奴らばかりだったから、自分たちが馬鹿やっていることもわかっていたし、それがガキ臭く、格好悪いことだってことも理解していた。あとはきっかけだけだ。ちょうど文化祭の時期だったので、クラス企画をクラス再建の起爆剤にしようと俺たちは決めた。担任と俺を含めたクラス三役で綿密な計画を立て、「全員が参加しなければ出来ない、とてつもなくでかいものを創ろう」と言う企画案が挙がり、気球、いかだなどが挙がったが、生徒会に却下され、最終的には「一万三千羽の折鶴を使った巨大壁画」で行くことになった。

一人五百羽。それも色画用紙を使った大きな折鶴をもう残り短い期間で、全員が折りきらねばならない。もちろんクラスの反対は必死だったし、絶対にやりたくないと言う意見も出た。

しかし、俺たちは、話し合いでの決定は絶対であるという、民主主義の原則を表に出し、決定するまでは、何時になろうと話し合いを続ける一つのルールを定着させることに成功した。

もともと負けず嫌いで、責任感が強い奴らが多かったせいもあって、作業初日には、数人しかいなかった仲間が、一人、また一人増えて行ったんだ。とくに、荒れていた女子は、放課になっても、いつまでも学校に残って悪さをしている奴らが多かったので、どうせ残っているならと、作業に参加し始めたんだ。

作業をしながら、今までろくな話をしていなかったもの同士が、言葉での交流を始める。なんだ、こんな人だったんだって、クラスの交流が深まっていく。みんなが一つのものに向かっているという一体感が生まれ、みんなそれを心地よいと感じ始めていた。

文化祭当日、強風のために、屋上から壁画を釣りおろす作業が難航し、結局開始時間に間に合わなかった。それが理由なのかは不明だったが、最優秀賞を目指した俺達の作品は、三年生のお化け屋敷に敗れた。

それでも、俺たちは大きな収穫を得た。校舎全体に広がる巨大壁画を眺めながら、俺たちは間違いなく、学校改革をリードするクラスとしてスタートしたことを実感していた。

二年次の文化祭には、「もう賞なんてどうでもいい。俺たち独自の文化を追求しよう！」

と、一クラス三十六人による「二十四時間ソフトボール」を敢行。ナイター照明がないグラウンドだったから、工事現場用の発電投光機を借り、ナイター設備まで作った。何度も反対されたが、その都度企画書を練り直しては再提出し、夜八時以降は女子は帰宅させると言う条件で、実現したんだ。

夜になると男子しかいないグラウンドに、バットがボールを捕らえる「バッシ」という音と、「タタタタタッ」と走る音と、「ブルブルブルブル」と低く鳴り続ける発電機の音だけが残った。辛く悲しい時間帯だった。

朝になると、女子が続々と朝ごはんを持って登校してきた。そのときばかりは彼女たちが天使に見えたっけ。たぶん、一つのクラスが、ましてや三十六人という少人数で二十四時間ソフトボールを続けたことがある団体はないだろう。

俺たちは勝手にギネスブックものだと褒め称え、二十四時間を過ぎた時、俺のオヤジが用意した大きな打ち上げ花火と共に、今までにない偉業（？）を成し遂げたんだ。

「特別賞」を貰ったけど、別にそれはどうでもよかった。とにかく、俺たちは何でもできるんだという自信を持ち始めてたんだ。

いよいよ三年になると、本格的に学校改革のリーダーとして動き出さねばならない。その前哨戦として、二年次の最後に生徒会選挙があった。俺は気が進まなく、前日まで断っていたが、選挙演説日当日に、生徒会長に立候補を表明。特別に許されたが、ステージに用意された候補者の垂れ幕にも、そして投票用紙にも、俺の名前がないままの選挙戦となった。

当選しなくとも、何かは出来る。自分のクラスのお陰で自信をつけていた俺は、簡単な演説で済ませた。「この学校を変えようと思います。みんなが胸張って自分の学校名が言える学校に。俺が生徒会長になったら協力してください。」ぐらいだったかな。

不利な状況は自分で作ってしまったもの。結果がどうであれ、とにかく学校を変えたいという本音を全校生徒の前で言えたこと、そういう生徒がいるんだって事を伝えられただけで満足だった。翌日、俺の教室の黒板に「ルーム長おめでとう!今日から呼び名は会長に！」と書かれていた。

結果は、当選。一緒に出馬していたリョージも受かっていた。早速作戦会議。とにかく生徒会を我がクラスのメンバーで占める作戦が手っ取り早いと、各委員会の委員長に、九人が立候補し当選した。生徒会役員と委員長会で組織された、新生徒会は、俺達のクラスがほとんどを占める組織となった。何をするにもやりやすい。青島元東京都知事は、都政を家族会議で決めていたと、永六輔氏が冗談で言っていたが、生徒会の方針は、俺達のクラスで決めていたようなものだった。独裁といわれようと、俺たちはこの学校を変えたかったんだ。その気持ちは、誰も入り込める隙がなかっただけだ。

生徒会顧問に有也先生も加わり、今までにはない大胆な生徒会が動き出した。生徒会活動の中心は、当時文化祭に置かれていた。しかし、文化祭の内容はお粗末で、開会式や後夜祭に出るのはごく小数で、目立つのは一般公開日に襲撃に来る、怖いＯＢの方々や、暴走族の兄ちゃんたちだった。

俺は今までどおりの文化祭なんてやりたくなかった。高校生にしか出来ない、今までの高校生が出来なかった文化祭をつくってやる。早い時期から、有也先生や、生徒会本部の仲間たちと構想を練っていた。浮かび上がる企画は、どれもこれも突拍子もないものばかりで、すぐに生徒会主任の先生ともめた。

「何でダメなんですか？理由を説明してくれないと困ります。」

「いや、今までにないことだし、職員会も通らないよ。」

「そんな理由で納得できるはずないでしょ。」

今考えると、その先生には酷いことを言ったたっけ。俺たちに文句は言われ、職員会でも文句を言われ、それでも俺達の企画を精一杯押してくれたのもそのU先生だった。

今まで使ったことのないぐらいの生徒会予算を全部使い切り、ステージにお金をかけ、商品にお金をかけ、とにかく全校生徒全員が参加できる企画を、次々と提案した。

高校には表の社会と裏の社会がある。俺が入学した当時、その裏の社会が学校を牛耳っていた。生徒会に立候補する人間は、到底そういう社会とのつながりを持ち得ない人ばかり。つまり、何かをしようとしても、裏の社会の妨害にあい、潰されてしまうのである。そこに一体感は生まれない。ところが、運がいいことに、俺はそちらともつながりがあった。有也先生は「それがチャンスだと思ったんだ。」と後に言った。

普段そういうことには、協力的でない奴らも、仲間の言うことなら聞いてくれる。そんなに仲がよくなくても、こちらの真剣さが伝われば、分かってくれる。そういう雰囲気が、俺達の学年にはあったんだ。

「まずは三年生がリーダーに！」を合言葉に、各クラスのルーム長を洗脳した。クラス企画の相談に乗りながら、喫茶店や、縁日、お化け屋敷など、ありがちな企画は全て潰し、こちらからモデルを提案しながら、各クラスが全力で取り組めて、更に活気溢れる企画ばかりを取り組ませることに成功した。

その雰囲気は全校に伝わり、ステージで行われる企画に、全校生徒が押し寄せ、今まで軽音楽部の独壇場だった体育館が、文化祭の中心基地と化していた。うちのクラスは、例のごとく壮絶な話し合いの結果、ステージ発表に決定。当時のあの学校では皆無に等しい企画だった。誰が好き好んで人前に出るんだという風潮が当然だったので、クラスからも反対意見が続出。今までで、一番難航した話し合いとなった。俺は、生徒会の仕事のほうが大変だったので、クラスのことはクラスのみんなに任せた。

当時、大ブレーク中だったダンスをやることに決め、外から本格的な指導者を入れて、夏休み中毎日厳しいレッスンに耐えた。俺は学校全体の総括に追われながら、合間を見ては練習したが、前日のリハーサル以外、みんなと練習できることはなかった。

そして当日、俺達のステージは前代未聞の観客を呼び、一つの伝説を創った。高校生が人前で表現活動をする＝「かっちょいい」という定説を創ったんだ。それから、俺の高校では毎年ステージ発表が恒例となり、その伝統は現在でも続いている。

練習風景から、本番までを地元のＴＶ局が密着し、一つの番組になったり、全国の高校生の活動を報告する雑誌に載ったりと、俺達のクラスは一躍有名になった。

文化祭は大成功に終わった。後夜祭にはほとんどの生徒が残り、俺の最後の挨拶の後、今まで聞いたことのない大きく、暖かい拍手を送ってくれた。その瞬間。俺は学校が一つになったことを確信した。

挨拶が終わった後、涙がとめどなく流れた。俺のわがままについてきてくれた生徒会役員のみんな。俺のわがままを受け止めてくれた顧問の先生たち。そして、何よりも、俺達の気持ちにこたえてくれた全校生徒のみんなに感謝の気持ちでいっぱいだった。あんなに感動して、声を出して泣いたのは、あれが最初で最後かな。

三年の各クラスのルーム長たちが、次々と俺のところに来た。「ありがとう。感動した。俺たちも頑張ったかいがあったよ。最高だった！」それから、クラスにも溶け込めず、文化祭中、ふらふらしていた奴らも、「会長ご苦労さん。今回の文化祭は面白かったな。」って言ってくれた。学校が変わったと実感するには、十分すぎる言葉だったかもしれない。

僕らは、自分たちの力で、変えてみせたんだ。
西から陽がのぼるがごとく。

5 タマゴへの挑戦

。最高の高校生活を締めくくるには、自分の進路をしっかりと決めることも重要だった。いろんなことに手を出していた俺は、当然受験勉強なんてしてるはずもなく、とにかく、教員になる為にはどんな大学に進めばいいのかってことだけで、卒業後の進路を考えていた。別に大学に進みたかったわけではない。自分がやりたいことに、大学進学は必要不可欠なだけだった。

当時俺は、小学校の先生になることが一番近い目標だった。あの担任との出会いが俺をそうさせたんだけど、あの頃のような気持ちとはちょっと変わってきていた。復讐や憎しみからは何も生まれない。ましてや、ネガティブな発想から自分の将来を決定するのも、ちょっと違うと思っていた。

俺は高校生活の中で、すばらしい教師との出会いがあったし、すばらしい仲間との出会いがあった。自分を見つめ直す時間があって、どん底からも這い上がったという自信も武器になってた。

様々な経験から得たこと。それは、人間は決して一人では生きて行けないということ。そして、必ず誰かが支えてくれているということ。全ては人と人とのつながりから生まれそれが人間という生き物を生かし人間という生き物が生活する社会を形成していること。

とにかく人と交わることが大好きになってた。知らない人間から得る知的興奮に魅了されていた。いつでも好奇心を持ち続け、自分を向上させるには常に新しい人間との出会いが必要だ。それに最も適した職業は、やはり教師しかなかったんだ。

最も影響を受けた教師、有也先生も俺が学校現場に行く事を薦めてくれた。でも、有也先生は「この学校に戻って来い。お前は高校教育が似合っている。小学生じゃ酒が飲める前に、教師なんて忘れられちまうぞ。その点高校教師は、卒業して2年もすれば、一緒に酒が飲めるし、一生の付き合いだって出来る。な、高校教師にしろ。」そういっていつも俺を説得しようとしてたんだ。

でも俺は、人間の人格形成で最も重要なのは小学校期だと、何の根拠もなく思い込んでいたので、どうしてもそこだけは首を縦に振らなかった。

結局、小学校の教師になる為には、絶対に教育学部に進まねばならない。教育学部を置いている大学は、ほとんどが国立大学で、私立の大学で教育学部がある大学はほんのわずかだった。当然国立なんて、受かるような玉じゃない。

有也先生の研究室で、時には有也先生のアパートで、俺は自分の進むべき大学を探した。東京の有名大学をはじめ、教育学部を置く大学を五校選出し、全て受験してみることにした。丁度その頃、河合塾の全国模試があって、マークシートだからありえた事なのだが、俺は文型三教科で、全国三位の成績を取ってしまった。賞状や楯が送られてきて、大騒ぎになったんだ。

担任に呼び出されて「お前、この問題どこかでやったの？」と疑われもしたが、そんな器用なことが出来る男じゃない。実力半分、運半分と笑って済ませたが、心のどこかでは「俺は天才なのかもしれない」と自分の強運に恐怖さえ感じていた。だから、少しは名の知れた大学だが、東大でない限りは絶対に受かるという、実に俺らしい何の根拠もない自信があったことも確かだ。

一週間、東京でホテル暮らしをしながら、五校全部の試験を受けた。勿論、勉強などろくにしてないわけだから、面接は得意のはったりで乗り越えようと思っていたんだけど、そんなに世の中甘くは無かった。

ある大学では大恥をかいた。最初は、高校時代の話や、大学に入ってからの話に花が咲いて、試験官の受けもよかった。これはいけると調子付いていたとき、もう一人の試験官が、急に話を変えた。胸にはなぜかドクロのネクタイピンが光る。「君。いろは歌を歌えるかね」とわけの分からない質問をした。国語専攻を受験していたので、当然国語の知識を問われる。スムーズな会話が途切れたことに、俺は少し戸惑った。「いろは歌?なんだそりゃ。いろはにほへとか。」本当に分からなかったんだ。すごく恥ずかしいけど。急な方向転換に、焦る気持ちを落ち着かせようと思っても落ち着くはずが無い。俺はそのまま暴走した。

「いろはに・・・ほへと・・・ちりぬるをわ・・・・・・。そこまでしか分かりません。」終わった。試験官が俺を鼻で笑うのが分かった。自分の実力の無さを見透かされたのが痛いほど分かったんだ。その後のことはよく覚えていないが、めちゃくちゃに馬鹿にされて、それに耐えられなくなった俺は、「もう結構です。ありがとうございました。」と試験官が話している途中で、受験票を丸めて退室してしまった。「おい、君!待ちたまえ!」室内犬のような顔をした意地悪なドクロネクタイピンの試験官が俺を呼び止めたが、俺は振り返らなかった。同じ部屋で何人もの受験生が面接を受けていたために、一時騒然となったが、俺はお構いなしに教室を出た。

「色は匂えど散りぬるを、我が世誰ぞ常ならむ　有為の奥山今日越えて　浅き夢見し酔ひもせず」後にこれがいろは歌だという事を知って更に顔から火が出る思いをした。多分一生忘れないと思うね。何の実力も無い人間が、志と勢いだけで向かっても、限界がある事を知ったいい経験になった。やっぱ勉強は大事だ。無知ほど怖いものは無い。

当然の結果として、五戦全敗。俺は敗者となった。高校受験とは違ったけど、それなりにダメージはあった。浪人か。数ヵ月後、予備校に通う、暗くうなだれる俺を想像して更に凹んだ。

クラスのみんなはそれぞれ専門学校や短大に合格を決め、お気楽な高校3年生を満喫中。俺は一人取り残されたような気がした。十二月突入したある日、そんな俺の混沌を吹き払う言葉が飛び込んできた。

「おい、まだ試験が間に合う大学があるぞ。」ここ一番で頼りになる男、有也先生だ。確かに願書申し込みにはまだ二日あった。ましてや教育学部。場所は静岡。男女比二：八。

「最高じゃん！」って叫んだ。

「ジョウヨウガクエン？」聞いたことも無い大学名に、有也先生も俺も一瞬引いたが、そんなことが言えた立場じゃない。これがラストチャンス!受けるしかないと、その場で受験票作成開始。有也先生も推薦書を書き始めた。ただ受験が間に合う、浪人しなくて済むかも知れないという喜びだけが先行し、そんな安易な感じで書き始めたのが、その後、前代未聞の大事件を起こすことになる。

受験する専攻を指定する欄を記入しているときだった。俺も有也先生も、願書提出日だけがクリアーされていることだけで安心し、受験要項なんてほとんど目を通していなかった。受験を一週間後に控えた夕方。うちに一本の電話が鳴った。「常葉学園大学教育学部教務課ですが、第三希望に音楽専攻と書かれているんですが、課題曲と楽譜が送られてこなかったんですよ。早急に送ってくれませんか。」

「は?」頭の中が真っ白になった。心臓が機関車のように走り始めた。「何を言ってるんだこの人は。まったく意味が分からないぞ。」でも多分ミスしたのは俺のほうだ。とにかくこの状況を何とか回避せねば。俺の戸惑いを察知した教務課の人が追い討ちをかける。

「君、言っている意味が分かりますか。」俺は瞬時に、たまたま近くにあったかばんの中から受験要項を引っ張り出して、ページをペラペラとめくっていた。その後十五秒沈黙。とんでもない記述を発見。更に鼓動は高鳴る。第三希望まで実技試験有。それも音楽。声楽、ピアノ、弦楽器の中から一つと、ピアノの課題曲の中から一つを選択し、その楽譜を添付せよと書かれてある。

どうする、どうする。知らなかったじゃ済まされないぞ。そんな事を口走ったら、その時点で終わりだ。浪人決定だ。何とかしなくては。時間だけが過ぎていく。教務課の人は更に何かを話していたが、俺の耳に入ることはなかった。とにかく答えなければならないという焦りから、出来そうなものとして、声楽を選択し、ピアノの課題曲は、一番名前の短いものを選んで、教務課の人に告げた。

「わかりました。明日の朝一速達で、楽譜のほうを送ってください。そういうと、あっけなく教務課の人は電話を切った。「プー。プー。」音が鳴り響く中、俺は受話器を握ったまま放心状態になった。歌はどうにかなるだろう。でも、ピアノは出来るかどうかわからない。

俺は小学三年生のときに、小泉今日子が主演するドラマに影響されて、隠れてピアノ教室に通っていた。ガキ大将がピアノ教室に通っているなんてことは口が裂けても言えなかったので、知っている奴は少ない。

しかし、赤バイエルとか黄バイエルをやったのではない。俺の通っていた教室は、歌謡曲を練習曲にしているような教室だったから、当然基礎は無かった。俺が最初に発表会で弾いた曲は五輪真弓の「恋人よ」だったし。

近所に中学の音楽の先生がいたので、速攻で受験要項を持って相談に行った。「センセ。この曲一週間で素人が弾けるようになるかな。」俺は事の真相を説明せず、ダイレクトにそのことだけを聞いた。先生も戸惑いながらも、瞬時に分かりやすく判断を下した。「ピアノの前に座ってね、ごめんなさい弾けませんて言うしかないね。」

「ガーーーン」ピアノの全音をたたいた音が全身を包み、俺の浪人生活はほぼ決定的になった。先生のうちからの帰り道、俺は絶望感と、自分への情けなさに打ちのめされ、逃げ出したくなったが、「やっちまったもんはしょうがねえべ！」と開き直った。

すぐに大学の教務課に電話。「申し訳ございません。さきほど電話いただだいた長野の長岡ですが…。」「あ、さっきの君ね。どうしました。」妙に冷たい。更に俺の声のトーンが下がる。「ごめんなさい。僕はピアノが弾けません。なので、実技試験は受けられません。」半泣きだった。頭の中には西田敏行の「もしもピアノが弾けたなら」が流れていた。

「あのね。君はどういう事をしたかわかっているかい?推薦書が付いている以上、第三希望を辞退するわけにもいかないんだよ。」教務課の人はマジ切れで、その後も俺を罵倒し続けた。何を言われても耳に入らず、ただ「はい、すみません」と呼応するのが精一杯だった。

急に教務課の人の声が優しくなり「じゃあ仕方がないから、学校から公文書で第三希望辞退の書類を早急に送ってください。試験は受けられるようにするから。」そういってまたすぐに切られてしまった。

もうやめよう。浪人を覚悟すればそれで済む。俺は唯一残された現役大学合格の道を諦めた。その夜、有也先生に、失意のどん底の中電話。「馬鹿だな。要項読まないで受験する時点で受からないよ。ましてやそんなミスすれば、合格するはずないし、受験料の無駄だよ。やめとけ。」当然のお叱り。俺も素直に受け入れた。

「でも、俺にも責任があるから、公文書は明日郵送しておく。気晴らしに記念受験だと思って静岡に行って来い。」そう先生は言って、公文書も送ってくれた。

何の見込みも無い、スタート以前に大腿骨を骨折したマラソンランナーのような俺は、旅行気分で静岡に向かった。俺の馬鹿さ加減はそれで終わらなかった。試験前日の夜。ホテルから有也先生に電話すると「お前さ。明日の準備は大丈夫か？一応受けるんだから、ちゃんとしていけよな。」と心配の御様子。大丈夫。受験票も持ったし、小論文の下書きも完璧だ。「まかしてよ。完璧です。」そう答えると、有也先生は俺を青ざめさせる一言を口にした。「ラジオ体操は？」ラジオ体操？なに？それ何？あわてた俺は、あの事件以来何度も読み返してグチャグチャになった受験要項を取り出した。

「やっぱりな。お前な、明日体育の実技試験もあるんだぞ。そんなことじゃないかと思ったよ。」書いてある。ちゃんと書いてある。何で見落としたのか自分でも不思議だった。体育実技試験。ラジオ体操第一。マット運動。前転・後転・開脚前転・開脚後転。言葉が出ない俺に対し、先生はラジオ体操を一づつ電話で説明し教えてくれた。

「俺が出来ることはここまで。後は華やかに散って来い。」そういうと先生は電話を切った。「プー。プー。」という電話の音を聞きながらの放心状態。その晩、布団の上で黙々とラジオ体操を繰り返し、前転、後転を必死になって試みる間抜けな受験生がいた。

当日。大学に行ってみると、控え室として指定された教室には受験生が溢れてた。俺の受けた専攻の、推薦入試Bでの募集人数はわずかに四人。その狭き門に百人以上の受験生が控えていた。試験会場には、緊張をほぐす為なのか、自分の位置を探る為なのか、慣れ慣れしく話しかけてくる輩が必ずいる。その会場にもいた。「ねえ、君の約点はいくつ？」俺にも話しかけてきた。

推薦入試なので、約点が重要なウエートを占める。そういう奴に限ってめちゃくちゃ高い約点を持っているんだ。自分より高いと、自分の約点は言わないいんだけど。気持ち悪いぐらい愛想のよい、そいつのお陰で、周りの奴の成績や、高校時代の活躍度が分かってしまった。それ以前に、とんでもないビハインドを負っている俺にとって、絶望的な情報だった。

受かりっこない。ならば受験を楽しんじゃおう。楽観主義の単細胞の俺は、切り替えも早い。小論文もさくさくと書き終え、途中退室。体育実技も、布団の上特訓が効いてばっちりだった。

最後の面接試験。俺は高校生活最後の集大成だと思って炸裂しまくった。丁度面接官が学長さんで「君は、うちの大学で更に伸びるよ」なんて言われたときには、もしかして受かっちゃったかもしれないと、浮かれた。でもすぐに現実に戻される。俺はあんなミスを犯している馬鹿野郎だ。合格するはずが無い。

やるべきことはやった。六校も受験して、駄目だったけど今の俺の実力を知るいい経験になったし、努力なくして、成功も、感動も生まれないんだって事をしみじみと感じることが出来たんだ。仕方がない。この経験を生かして、また来年がんばろうと、気持ちを一新して静岡を去った。あばよ、静岡。

もうくることも無いだろう。それでも、微塵の期待を持っていなかったわけではなかった。あの面接での感触が俺を慰めていた。

数週間後。大学からレタックスが届いた。今まで届いた五通のレタックス全てに、俺の受験番号はなかった。その時の光景がフラシュバックする。封を開ける手つきも鈍い。やっぱりなかった。

当然だと思っていたが、さすがにショックだった。事実上、これで確実に俺の浪人生活は決定したんだから。分かっていたことだが、それを受け入れるほど俺は出来た人間ではない。やけくそになって、俺は仲間と飲みに出かけた。ベロベロになって帰ってくると、寝ているはずの両親が起きていた。こりゃ怒られるかなと覚悟して玄関を開けると、オヤジが飛び出してきた。

「おめでとう！よかったな。」オフクロも笑ってる。

「あのね、頼むよ。俺は六戦全敗の大馬鹿息子なのよ。何を血迷ったこと言ってるの。」うんざりしながら、靴を脱ぐ俺に向かってオヤジは更にテンションを上げる。「お前の番号あるよ。国語専攻だろ？」

へ？どういうこと。俺は何度も確かめたんだよ。〇一五四はなかったんだ。あれ、〇一五四はないけど、〇一四五はある。受かってる…。合格だ。俺は本当にスーパー大馬鹿息子だった。受験番号を間違えて覚えていたんだ。オヤジやオフクロは、わずかな願いを込めて、じいさんの仏壇に供えられた、受験票を見て確認したらしい。

俺はてっきり〇一五四だと思い、自分の受験番号を無いものだと思ってしまっていた。どこまで馬鹿差加減を発揮すれば済むのか。よく言われたっけ、小学校の先生に。「豆腐の角で頭ぶつけて死んじまえ！」ってね。そういわれても仕方がないくらいの大馬鹿ぶりだ。

俺は吼えた。今までの鬱積を晴らすがごとく、吼えまくった。これで大学にいける。教育学部に進める。

教師を志した一人の男が、その第一歩を踏み出した瞬間だった。

6 大学生活物語

卒業式の次の日から、どうしてもやっておきたかった1つの計画を実行した。一般企業に働きに行くこと。教師はとかく世間知らずだといわれている。大学を卒業するとすぐに現場に出て、経験も年齢も関係なく、同じ仕事をする。

一国一城の主となるといっても過言ではない。下手な下積み経験をせずに済むと同時に、社会人ルーキーとしての大事な修行も欠落する。それが、すぐに世間知らずに結びつくとは思えないが、自分は自分自身でそうならないためにも、そして、本当に俺は教師という職業を選ぶのかどうかを確かめる為にも、ライン作業という過酷な労働とされる工場で働いてみたいと思ったんだ。

教師になれば、絶対にそういう経験は出来ない。その前にやっておこうと思った。繰り返される単純作業の毎日。その仕事を三十年間やり続けたIさんの背中を見ながら、俺は今まで感じたことのない疲労感に襲われてた。

あと数日で、この工場での勤務が終わろうとしていたある日。寡黙なIさんが、珍しく俺に話しかけてきた。「なあ、にいちゃん。俺を軽蔑するか。こんな仕事よくやってるなって、心じゃ笑ってるか。」

俺は動揺した。同じ毎日、同じ作業を繰り返し、うちに帰ったら冷たい妻と、ぬるいビールとプロ野球。娘や息子は顔を見ることも無くそれぞれの部屋に篭り、家族のために働くが、家族に見放された父親。そしてまたあの単純作業をしに、この工場へ通う。勝手にそんな光景を想像してた。そんな失礼な想像をしていた事を見透かされたような気がした。

「そんなことないです。大変な仕事だと思いますよ。」そんな答えしか返せなかった。実際、その仕事に何の魅力も感じていなかったのは正直な気持ちだったから。

「いいんだよ。軽蔑したって。でもな。俺はここの仕事を三十年も続けてる。三十年間毎日だ。これが仕事なんだよ。俺にはこれしか出来ないんだ。それでも俺はこの仕事に誇りを持っているし、何よりこの仕事が好きなんだよ。お前に笑われてもな。」

Iさんは笑って俺の頭をなでた。泣きそうになった。涙は恥ずかしくて流せなかったけど、心の中では号泣した。恥ずかしかったから。情けなかったから。自分はなんてちっぽけな人間なんだろうって、自分自身を軽蔑した。

仕事に上も下も無い。人は生きていく為に、そして食べていく為に、労働し、食料もしくは賃金を手にしなくてはならない。人間にとって必要不可欠な事。

その方法がどうであって、どんな職種なのかなんてのは、その次の話なんだ。Ｉさんは生きていた。すごく素敵に生きていた。単純作業の森の中で本物のターザンを見た。

作業着を返し、充分すぎるほどの賃金を受け取り、俺は皆さんに感謝の気持ちを伝えて、その工場を去った。最後の帰宅途中、車の中には「ＪＩＢＯＹ」が流れてた。Ｉさんを思い出しながら、泣いた。そして決めたんだ。俺は絶対に教師になるって。

それから二日後。俺は第二の故郷となる静岡に旅立った。大好きな上田という町を後にして。希望に満ちた新しい生活が俺を待っていた。大学の入学式も無事終わり、俺も大学生の仲間入りを果たした。

四年生は実に大人に見えたし、高校とはまったく違う雰囲気を大学のキャンパスは醸し出していた。大学最高！って叫んでばかりの毎日。初めての一人暮らし。この響きもたまらなかった。工場でのバイト代や、入学祝が貯まっていた俺は、最初のうちはとても贅沢な生活をしていたんだ。その期間は短かったけど。

俺の進んだ学部は教育学部。つまり、そこに集まる学生はみんな教師という同じ職業を志したものばかりだということになる。俺は、そこではじめてどんな人間が教師になるかを知った。ガキのころはどんな教師もすごい人に見えた。偉い人に見えた。軽蔑する教師もいたけど教師に限らず大人は皆偉いんだって思ってた。

ところが違った。自分がその土俵に近づけば近づくほど、きな臭い真実が顔を出した。一緒に入学したやつらのほとんどが教師を目指してる。数年後、ほとんどの奴が先生と呼ばれる。つまり、俺が出会った教師たちもこいつらと同じだったたって思った時ぞっとした。

教師を目指しているやつは、ちょっと変わっている。まあ、俺もその一人だから自信を持っていえるんだけど。俺はどうしても、教育学部の人間たちと馴染めなかった。一言で言うと硬い。柔軟性が無く社交性が乏しい。そして暗い。

その点俺は浮いてしまった。そして目立つ。うれしくない目立ち方をした。勉強も出来る。それはすばらしい。高校でもしっかりと勉強をしてきている連中だった。その点俺は浮いてしまった。何も知らない自分が教室で浮き彫りになった。

俺の所属は国語専攻だったので、周りは国語大好き青年ばかり。最初の講義で俺は挫折を味わった。「志賀直哉の暗夜行路の一節にこんなのがあります。あ、暗夜行路は呼んだことがありますか？」教授の何気ない一言に、全員が挙手。

本当かよ。一人手を上げれない一番前の席に座る俺。

「あの作品には志賀直哉の青年期の混沌とした心情が描かれていて…」なんてわけのわからないことをべらべらしゃべる級友。本当に知識を持っているやつらに唖然とした一方で、「そんなもん知らんでも生きていけるわ！」と負け惜しみをはき捨てる俺。

でも、自分のレベルの低さを痛感してた。知識だけを詰め込んだ頭でっかちが、そうでない子どもたちを相手にしても最高の教育は出来ない。一方、そうでない子どもたちといくら相性がよくても、知識や実力が無いやつが教師をしても最高の教育は出来ない。そう思った俺は、自分のスキルをこの四年間でいけるところまでアップさせようと思った。

教師たちが手を焼いた悪ガキが、教師になっちゃう日まで俺はどんな努力も惜しまないことを自分自身に誓った。

大学は教育機関であり、研究機関だ。遊ぶところではない。高い授業料を払って、講義を受けてるんだから、損しないように実力をつけるに越したことは無い。俺は一年間の授業料を講義数で割り、一回の講義の値段を算出した。

五、二四〇円　すごい値段。一回サボればそれだけ損することになる。学生は休講を喜んだけど、喜ぶべきことじゃないんだよね。俺は出来る限り大学に行き、教室の前のほうで講義を受けた。

到底五千円に満たないつまらない講義もあったけど。小中高三つの免許が欲しかった俺は、四年生になっても一日五コマ月曜日から土曜日までビッチリ入れた。絶対に元は取ったと思うな。

専門的な知識は相当手に入れたし、今まで曖昧にしていた勉強もやり直さねば、単位は取得できなかった。俺の大学は少人数制の講義を売りにしていたから、大きな大学では当たり前になっている「代返」（いない人の代わりに返事をすること）は不可能だった。その分、ちゃんと知識は付いていったけど。

大学一年の英語の授業で赤点をとり、再試験命令が出た。再試験するにはお金を払わねば受けれない。(俺は四年間で教務課に、随分定期預金させてもらったけど。）それに受からねば留年が決定する。

担当教授は、教育学部の学生全てが恐れる鬼のO教授。俺のはったりも効かない強敵だ。試験は翌日。俺は恥を忍んで本屋に行き、中学一年生の英語のドリル帳を片っ端から買い漁った。あたかも、家庭教師のバイトで使うんだみたいな顔してね。

それでそのドリルを寝ないでやり続けた。恥ずかしい話だけど、その時ｂｅ動詞の意味を知ったし、三人称単数も理解した。どうやって今まで試験をパスしてきたんだろうって（結構英語はいい点とってたんだよなあ）不思議に思えるぐらい俺の基礎学力レベルは激低だった。

その試験を満点でパスした俺は、学習に対する姿勢が極端に変わっていった。今まで絶対に感じたことの無い感覚。勉強が面白いんだよ。学習によって知的興奮を覚え始めたのはその頃から。嫌いだった本を読み始めたのも、それと同時期だった。その頃は一年間に百冊読んだ。テレビも見なかったから、本を読むのが習慣になった。

本を読みはじめると人間は激変する。話すことも変わってくるし、考え方も変わる。本の中から得たものを自分の頭の中でオリジナル化して、レベルを上げていくことができる。本が苦手な人がいるけど、本当に損していると思うな。

一応国語の教師の免許を取るわけだから、日本の純文学ぐらいは読破しておかねばならないと、はじから読み漁った。入学当時の講義で、俺は読んでもいないくせに、日本の純文学を馬鹿にした論文を出した。それが教授の激昂に触れ、教授に強く追及されたことがある。「日本の純文学のどこが、恋愛や人間関係を軽視しているんだね？」知識が無いから、言い返せるわけも無く、惨敗。

純文学は決してつまらなくない。間違ってたし、自分の無能さをを恥じた。純文学は面白い。面白く、完成度が高いからこそ、時代を超えて読まれ続けているんだよね。中には官能小説よりリアルな性描写や恋愛描写が綴られていたり「殺人」「心中」「強姦」「不倫」「略奪愛」「近親相姦」何でもあり。

人間の持つ本来の欲求や弱さを、徹底的に表現する作品の数々に、俺は酔いしれた。古文なんかも、見方を変えると本当に面白い。小倉百人一首なんかは、坊主めくりや、カルタとして触れることぐらいしかないが、あの多くは、「今夜、夜這いに行きますよ」って言う手紙だったり、「昨日の夜は素敵だったわ」っていう返事の手紙だったり、決して実らぬ相手への熱烈なラブレターだったりするんだ。大学の講義では、知識取得の方法の多様性を知ることが出来た。今まで受けてきた授業がよほどつまらないものだったということにもなるんだけど。

俺が教師になったら、こういう授業をしたい。こういう視点でもの事を伝えたい。という発想が生まれるようなサンプルばかりだった。勉強だけの四年間ではなかったけど人生の中で一番勉強した四年間だったかな。

教育学部では、座学だけやっていればいいわけではない。教師になる為に一番重要な修行。教育実習というものがある。うちの大学は、幼稚園から大学までの総合学園だったから、俺のいた教育学部にも付属小学校があった。だから、うちの学校では二年次から参観実習なるものが始まる。

本格的に始まるのは三年次からだが、週に一度月曜日には小学校に勤務するのだ。そこで、俺たち教師の卵は、初めて子どもたちに「先生」と呼ばれる。教師を心から目指して来た奴にとっては、たまらない響きだ。アホな奴はその瞬間から、自分は先生になった気分になり、ちょっと偉ぶったりしちゃうんだ。全然それには程遠い青二才なんだけどね。

参観実習は、授業を見学したり、担任の先生の手伝いをしたり、とにかく子どもたちと遊ぶことが仕事だったから、全然大変じゃない。俺が最初に受け持ったクラスは二年生。とにかく小さい。うんこも漏らす。俺はうんこが苦手なんだけど（誰も得意な奴はいないと思うが）はじめて他人のうんこをとったのも、そして、それが出来たのも、自分が実習生だという自覚と、少なからず子ども達の前では先生であると言う責任感からだ。

大変だったのは、四年次の本実習。四週間ぶっ続けで学校に勤務し、授業も受け持つ。その本実習をクリアーしないと、教員免許を手にすることも出来ないし、卒業も出来ない。とにかく、教育学部学生にとって、一番大きな難関なわけだ。それが近づくと、誰もが嫌で、不安になる。

本実習は、基本的に自分の母校にお願いにあがる。小学校の場合、県内生は自分の母校。県外生は付属小学校と決まっていた。俺は付属小学校が嫌いだったから、始まる前から憂鬱だった。付属小学校は、教育研究校かなんかで、俺の通った田舎の小学校とは違ってたんだ。

教室はワンフロアーに三クラス。三つの黒板で区切られているだけで、隣のクラスの声は筒抜けだ。あるクラスでは英語の発音の授業、あるクラスでは習字の授業なんて事はざらで、集中して書かせたいのに、隣から「A！B！C！D！」って聞こえてきちゃう。少人数制のクラス編成で、一クラス十四、五人だから、すごくやりやすいんだけど、とにかく異常なくらい勉強する子ばかりなんだ。

教師が発問すると全員がでかい声で手を上げる。あの光景は、洗脳商法で田舎のじいさんやばあさんが騙されてるのとかぶるんだよね。授業が終わっても、すぐに次の授業の準備を始めるし、休み時間にみんなで遊ぶって感じがないんだよ。

県内各地から集まってきているから、放課後をもち得ない子ども達の集まり。近所に自分の学校の友達がいない子達。つまり、子ども社会を経験しない、遊びや喧嘩を通して人間関係を学ぶ機会を奪われた子どもたちだったんだ。

昼休みにグラウンドに出て遊ぶなんてことはもってのほか。みんな図書館に行って調べ物をしたり、フロアーの真ん中にあるフリースペースと呼ばれる広場で二，三人で遊ぶのがぽつぽつ。

そんな子どもたちに遊びを教えたくて、俺は昼休みに、ビニールテープをもってグラウンドに立ってた。「シッポ取りするものよっといで」なんていってね。誰も来ないの。むなしいよ。一人ぽっちのグラウンドは。

でも、そんな子ども達の中にもアウトロー的なガキンチョはいるわけ。鼻たらして、いかにも頭悪そうな奴がね。まるで俺のガキの頃みたいな子どももなかにはいるんだ。そういう奴が、毎日グラウンドに立ってる俺を見つける。珍しがってグラウンドに出てくる。最初は二人でやるんだけど、それが一人増え三人増えていって、ある日三十人近い子どもがグラウンドに集まっちゃったんだ。

俺はめちゃくちゃうれしかったんだけど、すぐに担任の先生と学年主任の先生、教頭に呼び出された。「各クラスでお昼休みはそれぞれ計画があるんです。勝手な行動はとらないでください。」大学生になっても俺は小学校の先生に怒られてた。それでも俺は、子どもたちに遊びを教える事をやめなかった。学年会議で名指しで怒られ、なぜかあるクラスの女の先生が泣いたことがあった。

「私たちはこんなに苦労して子ども達の教育をし、あなた達のような実習生の面倒まで見てるのに、どうして勝手なことばかりするんですか！」だって。泣くことないのにって、俺は全然反省しなかった。

ところが、そんな俺に、現役教師達の逆襲が始まったんだ。俺の本実習の担当の教諭は、大学の先輩で、内地留学から帰ってきたばかりのバリバリのエリート教諭だった。最初の面接で、俺とは正反対の人だって肌で感じたし、向こうも俺のことは気に入らない様子がすぐに分かった。

本実習では、学生は常に指導案という、授業をする為のカンニングペーパーみたいなものに追われる。俺は、あれが大っ嫌いだった。指導案とは、内容を事細かく、授業を想像しながら書かなくてはならない。ここで黒板にこう板書して、この発問をする。そこまではいいとして、さらに、「予想される生徒の反応、発言」なんてものも書く。「発問に戸惑うが、よく考えてから元気よく答える。これはオスだよ。これは背びれが大きいからメスだよ…」こんな感じで。

一人で書いてると相当あぶない。これが厄介なわけだ。分かるわけねえだろ！そんなものを大人が想像して書いた通りになんかなるはずがない。ましてやそんなものを用意してないと授業が出来ないのなら、教師なんてやらないほうがいい。だから無駄だと俺は思ったんだな。

そのエリート教諭とは、初日からこの指導案をめぐって衝突した。どうしても、俺の指導案はおかしいというんだ。何がおかしいか尋ねると、その理由を説明してくれるんだけど、俺にはそれが理解できない。

例えば、一つの詩があるとする。俺は一人一人読み方が違っていいと思うし、感じ方が違っていいと思うわけ。でも、その詩を通してその子どもが何を感じ、何を考えられるかが重要だと思うんだ。感受性や創造性の問題。

しかし、エリートは違う。詩は作者が望んだ読み方に全員がなるべきである。と断言するわけ。「は?何いってんの?」あまりにも興奮した挙句、そんな言葉をこぼした俺にエリートはマジ切れした。

それから、いくら指導案を書いても、ただ表紙に赤いペンでバッテンをして返すだけで、一つも通してくれなかった。一日に書く指導案の数は平均三つ。一つの指導案は最低でもB5サイズで、十枚書かねばならない。一日に三十枚。

それは次の日の授業の分。また次の日には更に三十枚が追加される。俺は合格がもらえないから、次々と指導案の数が増えていった。当然授業もやらせてもらえない。出しては返され、出しては返されるうちに、俺がつくらねばならない指導案は膨大な量に。とても一晩で書けるものではなくなっていた。それでも書き続けねばならない。当然寝る暇がない。

学校から帰り、夕飯を食べ、シャワーを浴び、一息つく暇もなく指導案を書き始める。あっという間に朝日が昇り、学校に行く時間になる。そんな生活が五日間も続き、俺は五日間一睡も出来なかった。五日目の朝を迎えたとき、初めて幻影を見た。

なんとか口に詰め込んだ冷えたハンバーガーを吐いたあと、天井についていたシーファンの辺りから、パトラッシュとネロが天使を連れて降りてきたんだ。

「一緒に行こうよ。」そういってネロが手を差し出す。パトラッシュも笑ってる。本気で連れて行って欲しかった・・。でも行ったら死んでしまうのでやめておいた。未だ死にたくはなかったし、エリートに虐め殺されるのだけは避けたかった。

その日も、全ての指導案が失格となり、限界を感じた俺にエリートはどどめを刺した。

「長岡先生。子ども達の前で具合が悪い顔しないでよ。子どもが心配するから。子どもに余計な心配かけさせないでよね。具合が悪いなら早く寝なよ。」

え?早く寝なよ?寝なよじゃねえよ。お前のせいで寝れねえんだよ！！って叫びたかったけど、そんなエネルギーは、五日間不眠の俺には残されてなかった。

その日の帰り、疲労とストレスが限界に達してた俺は、一人涙を流して帰った。悔しくて涙が止まらない。「もう限界だ。こんな苦しい思いをするならば、教師なんてなりたくねえや。」普段絶対に俺から電話することのなかった、実家に初めて電話をかけた。「オフクロ。俺もう駄目だ。実習やめれば卒業できないし、こっぱずかしくて、大学にもいられないから大学もやめるよ。いいかな。」

半泣きでオフクロに言うと「いいよ、やめれば。自分で決めたなら。」母は強しとはよく言ったもんだ。あっけなく認めてもらっちゃうと、そういうわけにもいかなくなる。オフクロのシンプルなやさしさで、俺はもう一度やる気を取り戻した。

その後何とか授業を許可してもらったが、指導案は結局ほとんど合格しないままの授業だった。子どもたちには受けたし、実習生の仲間たちも絶賛だったんだけど、エリートだけは、最初の数分見ただけで、鼻で笑って教室からいなくなった。

最後の最後まで、エリートとは和解できずに、地獄の四週間が終わった。俺はエリートに「鬼ごろし」という酒に、メッセージを書いて送った。エリートからは子どもたちから贈られた色紙の片隅に「大事なのは結果ではない。それまでの過程である。」という大変ありがたいお言葉を頂戴した。

過程とは指導案のことなのかな?よく分からないけど、話し合いの中でよくエリートは、

「授業では、生徒達の到達点がどこまでいったのかが一番大事。結果が全てだ。」って言ってたんだけど。とにかく、あの経験から俺はどんなに辛い職場に行っても耐えれるであろう忍耐力と精神力を手に入れたことは間違いなく、その点ではエリートに感謝したい。

大変だと思ってた実習は、本当の教師の仕事に比べれば、月とすっぽんなんだけど。

これから教師を目指す人に、知っておいて欲しいこと。学生のときはどんなに理想が高くたっていい知識だけの教育論を振りかざしてもいいその学生特有のエネルギーは絶対に必要だ。でもいい授業なんて絶対に出来ないし、子どもたちにとって何の役にも立たない。青二才だということを自負しなくてはならない。

大事なのは何かを与えるのでなくて
何を吸収するか何を子どもたちに教えてもらうかだ。

7 仲間

7．仲間

大学時代、俺は最高の仲間を手にいれた。一番絞り友の会の仲間だ。当時お酒のＴＶＣＭで、「リザーブ友の会」というのがやってた。若い男女が、リザーブ片手に集まって飲んでるってＣＭだった。俺たちはそんな酒は買えないし、そんな酒を飲む年齢ではなかったので、大好きだったビールの銘柄をとって、一番絞り友の会になったわけだ。

どうしても馴染めなかった教育学部のなかにも同じ匂いがするやつはいる。どこか擦れていて、どこか抜けているやつでも暖かい人間たちが俺の大学にもいたんだ。学部も、専攻も、部活も関係ない仲間が俺の周りに集まり始めた。大学入学してからの一年。はっきり言って俺は荒んでた。仲間も作らず、一匹狼を気取ってた。大学内よりも、街での生活のほうが楽しくて仕方が無かった。毎晩朝まで飲んだくれて、二日酔いで学校に通った。

恥ずかしくて書けないような出来事を繰り返し俺はひとつの答えを出した。もう辞めよう。こんな生活は何も生み出さない。何も生み出さない代わりに　新しい俺を生み出した。それからと言うもの、俺は身近に自分の仲間を探すようになった。とにかく大学時代はお金なんて無かった。本気で無かった。

家中どこを探しても一円もない。でも腹は減る。仕方がないから畑から野菜を盗んだこともある。白菜だけの鍋を完食したとき、ため息をついて、「何してんだろ・・。」満腹感と共に罪悪感に襲われた。お金が入るとビニール袋にお金と、謝罪文を入れて、ちゃんと畑に返してきたけどね。飯を食べることがどれほど貴重で、どれほど幸せなことか。貧乏を経験して初めてわかったことだ。

だから誰でも一人暮らしは経験すべきだ。ましてや、学生時代にその経験をしておくと強い。貧乏学生でも少ない金で、楽しくしこたま飲める方法。それはうちで仲間と飲むことだった。ところがその仲間がいないし、ましてやコンパでもないのに毎週飲んでくれるやつなんていなかった。体育会系テニス部に入っていた俺は、テニス部のメンバーともなかなか打ち解けなかった。

街での荒んだ生活に飽きた俺は、今まで相手にしなかったやつらへ視点を向け始めてた。通称ムラッチ。中村友英という男がテニス部にいた。どう考えても俺よりも年上って感じの落ち着いた雰囲気の男。悪いことが出来そうも無い、まじめそうな男に見えたが、そのビジュアルとは裏腹に、ムラッチはタバコは吸うし酒も飲む。それだけで異端児ぶりを発揮できるような環境だったから、彼を近く感じれたのかもしれない。

部活帰りに、何気なしに誘ってみた。「今夜俺んちで飲まないか?」「いいねえ。一杯やりますか。」「やられますか。」一番絞り友の会誕生の瞬間である。なけなしの千円を出し合って、簡単なつまみを作り、買えるだけ酒を買う。

男二人だけの飲み会は、最高に楽しかった。今までの自分をはじめて語り合い。これからの自分の可能性を語り合った男が、男として認め合う瞬間。その熱に俺は魅了され続けてきたんだ。

それから、同じ部活であり、同じアパートに住んでいた、ユウスケとミチクンがメンバーに加わった。最初、人は、目から入る情報でしかその人間を判断できない。とかく悪い方に暴走しがちだ。酒に頼ると言うわけではないけど、酒は本当にすばらしい。人間を裸にしてくれる。(あいつらは本当に裸になってってたけど…。)毎週金曜日に行われるようになった会費千円の飲み会、一番絞り友の会は、男たちの友情を徐々に深めていった。

仲間が出来ると生活がガラッと変わる。大学に行くのが楽しくなり、どんな人とも交わることに抵抗が無くなった。自分の中のつまらないプライドが、ゆっくりと溶解していくのがわかった。女の子のメンバーも徐々に増えていったんだ。仲間が増えてくると、やりたいことも増えてくるし可能になる。

まだ、Jリーグが開幕する前だったけど、静岡はサッカー王国。プレシーズンにもかかわらず、清水エスパルス発足にめちゃくちゃ盛り上がっていた。チケットを取るのも容易じゃなかった。携帯電話やインターネットなんてまだまだ普遍的ではなかった時代だから、公衆電話や自宅の電話を使って、何十回もアクセスを試みてやっとの思いでチケットをゲットする。とにかくプロのサッカーが見たい。観戦したい。でも、少人数だとチケットが取れる可能性も低い。そこで出来上がったサークル。「ハットトリック」。

一番絞り友の会のメンバーを中心に、趣旨を「スポーツ観戦」に置いたサークル。募集したらめちゃくちゃ集まっちまった。最大で五十人は超えた。海辺でバーベキューをしたり、サッカーや野球の観戦に行ったりしてたんだけど、とにかく人数が多くて収集がつかなくなった。チケットは取れるようになるけど、仲間としての一体感は失われ不平不満が噴出してくる。こんな思いをするために作ったものじゃないと、大学内で最大のサークルだったにもかかわらず、あっけなく解体した。

それでも残ったのが、一番絞り友の会のメンバーだった。ハットトリックの失敗を機に、一番絞り友の会のレギュラー決定と、結束が強まった。毎週金曜日の飲み会にはさまざまな人間が集まった。

第一期生のムラッチ、ユウスケ、ミチクン、俺。

第二期生のサオリ、ノリエ、ミユキ、カナエ、ユキ。

第三期生のジュンジュン、マチコ。

第四期生のシンジ、ダイ、ヒラタ。

第五期生のリュウタロウ。


それから、自ら補欠と称してなかなか出席しなかったけど存在感はあったマナブ。とにかく人の出入りは激しくて、最大で二十一人が俺の十畳ワンルームアパートに集まったこともある。でも、馬鹿さ加減と酒の飲みすぎと、灰汁の強さに耐えれなく去っていくものも多かった。それでも残った奴らが、本当の仲間になった。残ったメンバーは皆その修羅場を越えて、強靭な肝臓と気合と根性を持ちえたものばかりだった。酒を飲んでただけではない。酒は口実であり、きっかけに過ぎなかった。俺たちは教師という同じ志を持っていた。

それぞれ目指した理由は違っていたけども、子どもが好きなのと、学校が好きなことは共通していた。とにかく皆、あったかいやつらだ。自分の過去を語り、自分の将来を皆に語って今の自分の位置を知る。そういった修行を皆でしていたようなものだ。

でも、とにかく異常な飲み方をしてた。これは勧められない。静岡の秘境「寸又峡」に何度か行ったんだけど、同じ旅館に泊まり、朝まで馬鹿騒ぎをした。そこで、はじめて人前で脱ぎたがる人間の心境を知ることになった。俺は最後まで出来なかったけど。それからというもの、飲み会のたびに、誰がどこまで脱いで、どこまで笑いを取れるのかが勝負になっていたような感があった。はじめて目にする人はさすがに引いた。

伊豆に旅行に行ったときはもっとひどかった。別荘を借りたんだ。幹事の話では、クーラー完備、シャワー完備、ベランダでのバーベキューもOKという別荘だった。鍵を受け取り、一〇七号棟の鍵を開けて中に入ると、様子が違ってた。フローリングのはずが畳だったし、クーラーが扇風機だったし（伊豆では扇風機をクーラーと言うのかと思った。）風呂にはシャワーがついていなかったし、ベランダの大きな張り紙には「バーベキュー禁止」とかかれていた。

幹事に文句を言いながらも、ガスコンロで焼き鳥を焼きながら宴会開始。いつも通りひどい有様になった。男どもは、隣の部屋で仕込みをしてから、裸で宴会場に乱入するわ、裸のまま断崖絶壁の上に立つ別荘の屋根に上って遠吠えする奴はいるわ、寝ゲロをしているやつはいるわで、予想していたとおりの惨状と化した。俺は眠くなって騒ぎをよそに横になっていると、誰かが俺を大声でたたき起こした。寝起きの悪い俺は、無視し続けたが、なんだか様子がおかしい。何とか目を開けてそいつの顔を見ると、尋常ではないピンチ顔。

「ここじゃなかったの！私たちの別荘！」こんなことがあるのか。鍵は開いたし、番号も間違ってはいない。間違っていたのは、別荘名だけだった。俺たちの借りた別荘は、貸し別荘地の「ビ○美樹」という貸し別荘会社の別荘。同じ別荘地にもうひとつ貸し別荘会社があった。「福○荘」同じ山の中に二つの別荘会社の所有する別荘が混在していたんだ。

俺たちが不法侵入して騒いでいたのは、福○荘の一○七号棟だったわけ。泊まるはずだったお客さんがいないので、ビ○美樹のオーナーが、気を利かせて見に来て見ると、男たちが外でフルチンレースなるものをしていたわけだ。素っ裸の男五人が、そのオーナーの話を真剣に聞いている姿を想像すると、痛々しいが、笑いが止まらない。

オーナーは、「今日は福○荘は休みだから、わからないようにでれば大丈夫。私も手伝うから。」といい人振りを発揮してくれたが、困ったことに、俺たちは人数大幅オーバーで泊まっているから、手伝ってもらうわけに行かない。だから、何人かは風呂に隠れたり、押入れに隠れたりして、何とかオーナーに帰ってもらった。夜中に裸でビールケースを運ぶ男たちが、月明かりに照らされたことは言うまでも無い。

追い出された飲み屋も数多い。その飲み屋の酒を全て飲み干したこともある。同量、トイレに返してきたけど。カラオケボックスにおける事件も数多い。人に迷惑をかけずに心意気なく騒げる場所はカラオケボックス以外なかった。最初は誰もマイクなんて握らない。ひたすら飲み続ける。いい気分になってくると、誰かまわず歌い踊り狂う。同然男共は普通に全裸になってる。違和感はない。一人が先に脱いでしまうと、先を越された奴は機嫌が悪くなる。そいつ以上に笑いを取れる脱ぎ方を真剣に考える。馬鹿騒ぎの中で一人真剣にもの思いにふける男の姿は笑えた。

全裸に命をかけてた男ミチクン。彼の男意気は静岡でもここ長野でも健在だった。「長野の女子にもサービスじゃあー！」って、全裸のまま道路の真ん中で逆立ちウォーク。通行人から拍手をもらって満面の笑みを浮かべるミチクン。俺は恥ずかしくて謝りっぱなしだった。

全裸でカラオケボックスで歌ってるとき、廊下に面した磨りガラスに局部を押し付け「長野の女子にサービスじゃー！」ってやってると店長が部屋に入ってきて「お願いですから、絶対部屋からは出ないでください！」と真剣に言われてた。全裸のまま頭を下げるミチクン。出て行けといわれる奴らはいても、出ないでくれと嘆願されたのは俺たちぐらいだろうな。そんなミチクンも、今ではちゃんと小学校の先生をやっている。

バンドも組んだ。それも俺とドラムのトギさん以外まったくの初心心者ばかりでだ。みんな当時解散したばかりの「ユニコーン」が好きだったという理由で始めたバンド。というより俺が「大迷惑」という曲を歌いたかったという、単純な理由で作られたバンド。俺たちはへたくそなりに、演奏よりも演出に力を入れ、何度か百人ライブを敢行した。チケットはいつも完売だった。たぶん、あの当時静岡でも一つのバンドで百人を呼べるアマチュアバンドは無かったと思う。音楽に興味が無い人でも気軽にこれる温かいライブを目指して、俺たちは音楽を通してでも一つになった。

そんな経験を元に、俺たちは最高の仲間として大学生活を送っていった。不思議と恋愛関係になる奴らもいないまま、俺たちは卒業するまでいつも一緒だった。仲間は最高だ。無条件にいい。未熟なもの同士、慰めあい、励ましあい、時には喧嘩もしたけれど、とにかくお互いを信頼してた。自分が一人ではないと安心できたとき、人は幸せを感じることが出来るんだと思う。全国から集まり、初めて一人暮らしを始める学生にとって、この安心感が本当に強い味方となる。お互いを信じ、認め合うことによって生まれる絆。俺はそれが大好きだ。あいつらとは、一生の付き合いになると思う。

「あの頃に戻りたい」それは不完全燃焼の過去を認める言葉。俺たちは何の燃えカスもない真っ白な灰になった大学の卒業式の日。駅前のホテルで行われた卒業謝恩会の最後に、各専攻や、部活ごとで、ステージに上がって記念撮影をした。一番最後に上ったのが、友の会のメンバーだった。後輩や先輩を含め、それまでで一番多い人数がステージに上がった。誰もが俺たちと同じ仲間だって思ってたから。誰？って奴もいたけど、そんなことはどうでもよかった。全体の謝恩会の後。それぞれの専攻別の飲み会に別れたが、俺たちはある時間に待ち合わせて最後の友の会を開催することにした。

卒業間近になると、急にみんなおセンチになり、飲み会のたびに泣く奴がいた。「卒業したくないよ。みんなと別れたくない。」そんな言葉を耳にすると俺は決まって気丈に振る舞い「馬鹿言ってんじゃねえよ。一生一緒にいるわけいかねえんだから仕方がねえだろ。」と一蹴していたが、本心では俺が一番それを望んでいたのかもしれない。

専攻の飲み会を抜け出し、俺たちは全員集まった。慣れ親しんだ、いくつもの思い出を作った静岡の繁華街をみんなで歩くのも最後だと思うと、不思議とネオンも悲しげに見えた。最後の一番絞り友の会。みんなそれを口にせず、普段通りの馬鹿騒ぎになった。飲み会は朝まで続き、最後は六時閉店のカラオケボックスに俺たちはいた。

後輩のヒラタが武田鉄也の「スタートライン」を歌いながら泣き始めた。いつもおちゃらけていて、泣くようなキャラではないヒラタが泣いたことで、俺たちは認めたくない現実を受け入れ始めた。一人一人がみんなに真面目な一言を贈り、全員が抱き合って泣いた。俺たちは最高の仲間だったって。そしてこれからも最高の仲間だって事を確認するかのように。

カラオケボックスから出ると、もう東の空には太陽が昇り、北街道の突き当りには富士山がきれいに見えていた。誰も何もしゃべらなかった。一人、また一人、自分のアパートへ帰っていく。大きかった輪がだんだん小さくなっていった。俺はさびしくなるのが嫌だったから、その日のうちに長野に帰ることにしていた。荷物をまとめ、アパートを引き払った。

一番最初に静岡を去るのは俺だった。ノリエのうちの二トントラックを借りて、荷物とバイクを載せ、それを運転して、ノリエ、マナブ、ヒラタ、地元が上田のリュウタロウが一緒に帰ってくれることになった。出発のとき、俺のアパートの駐車場には二十人近い仲間が集まり、俺たちを見送ってくれた。「また会おうな。それまでお互いがんばろうな。」全員と硬い握手をし、車に乗り込んだ。

手を振るみんな。泣いている奴もいたが俺はまだ泣かなかった。住み慣れた、瀬名という小さな学生街を抜けていくとき、今まで押さえてきた感情が、止めどなく溢れ出した。隣に後輩のリュウタロウが乗っていたので、何とか涙をこらえたが、こらえきれるものじゃなかった。すぐにガソリンスタンドにより、給油をした後、トラックに乗っているマナブとリュウタロウをかえてもらった。

マナブは大学では一番古い仲間だ。こいつの前でなら泣ける。マナブに「ちょっと泣かせてくれ。」と頼み、俺は声を出して泣いた。太平洋は俺の背中を押してくれている。俺には新しい生活が待っている。そうして4年間のすばらしい仲間との大学生活が幕を下ろした。

車を一路、ふるさと信州上田に走らせて。

進む道が違っても
暮らす土地が違っても
見上げる空で俺たちはつながっている。

8 ガッコウをつくる

大学二年の時。頭にひらめいたことがある。教育学の講義中だった。俺は現行の教育現場に不満を持っていたことは確かだし、そして、教育現場に魅力を感じていることも本当だった。

しかし、このまま教師になって、俺がいくらイカシタ教育を行っても、結局は雇われの身。自由が利かないことが沢山あるはずだと感じていたんだ。ましてや、教育実習の担当の先生に「あなたは小学校の先生に向いていないね。子どもに悪影響を与えすぎる。」なんていわれる実習生だったから、そういう組織の中で自分らしさを出していくのは相当苦労するという経験もしていた。じゃどうすればいい。そうか。自分の学校を作ればいいんだ。

今までは、ただ学校の先生になればいいやって思っていた俺が、自分の手で、自分自身のために、自由に仕事が出来る場所を作るという発想に変わった瞬間だった。思い立ったらすぐＧＯ！の俺は、その講義が終わったあと、俺の担当教授の研究室に直行。

「先生。俺みたいな、大富豪の息子でもなく、両親が教師でもなく、何の経験も、金もないような一般人が、学校を作ることって可能ですかね？」と尋ねた。いつも俺の体の事を心配してくれていたその教授は、俺の突拍子もない質問に対して、笑いながら答えた。「ああ、可能だよ。日本にはフリースクールと呼ばれる民間の学校が沢山ある。そこを主宰している人は、みんな教師でもなければ、お金持ちでもない。普通の人が自分で作った学校だ。だから、お前にも、そういう志があれば学校は作れるよ。何だ急に。久々に現れたと思ったら、またお前らしい発想だな」教授は、俺の質問を真摯に受け止め、様々な情報を与えてくれた。

俺は感動してた。パズーがラピュタがあると知ったときのように、めちゃくちゃに興奮した。すごいぞ！本当に学校は出来るんだ！なんて言わなかったけど、とにかく俺の頭の中で、スイッチが入る音がしたんだ。すぐにそのフリースクールを見たいと先走る俺をなだめるように、教授は、静岡にある、ある特殊な施設の話をし始めた。ねむの木学園。静岡県浜岡町にある、管轄が、文部省（現文部科学省）と厚生省（現厚生労働省）二つの省庁にまたがる、養護学校と養護施設が一緒になった学園。

女優、宮城まりこ氏が１９６８年設立した、日本で最初の肢体不自由児を守る養護施設だ。その学園が見たくなった。女優でお金は多少あったかもしれないが、教育に携わる職業でもない人が学校を作った。それも、肢体不自由児養護施設という、今まで肢体不自由児から教育を受ける権利を奪っていた国から、権利を奪い返し、認めさせ、保障させた熱い学校だ。

俺に響かないわけがない。車椅子に乗ってはいないが、障害が残っている俺は、一般的には障害者ということになる。俺はそれを認めていないだけで、障害者であることには変わりない。あのとき、学校を諦めなくてはならなかった理由に肢体不自由のものが、健常者と一緒になって、学校生活を送る環境がなかったからだ。

そういう経験をしていた俺は、素人が学校を作ったという魅力もさながら、その学園の趣旨にものすごく惹かれていた。「先生。すぐに見に行きたいんですが。電話番号分かりますか？」俺が教授を急かすと、教授は仕方がなさそうに「わかったよ。俺が電話してやるよ。慌てるな慌てるな。」と、その場でねむの木学園に連絡をしてくれた。「アポイント取れたよ。後はお前次第だ。見学は大歓迎だってさ。」思いついたことが、その日のうちに動き始める。

これが俺の人生の中で一番嬉しいこと。そして俺の真骨頂だ。仲間たちにはよく嫌がられるけど。全てが突然すぎるから。そんな俺の話を聞いて、興味を示した仲間三人と一緒に、実習のために買ったスーツを着て、ねむの木学園に向かったのは、それから一週間後のことだった。

園長先生の宮城さんはいらっしゃらなかったが、副園長さんが学園内を案内してくれた。

イベントに出かけているときだったので、子どもたちは少なかったが、どの子も元気よく俺たちに挨拶をしてくれた。障害を感じさせないくらい、エネルギッシュで、パワフルで、そして、とてもきれいな目をしていた。

副園長さんは、この学園が生まれた経緯を丁寧に、頭の悪い学生に説明してくれた。「あなたたちは、これから先生になるんですよね。長岡さんは学校を作るんでしたっけ。どちらにせよ、子どもたちに何かを伝える職業に付く。そこでね、忘れてほしくない事があります。

教えてあげるのではなく、教えてもらってください。

導くのではなく、一緒に歩いてください。

園長先生は子どもたちと散歩に出かけた際、必ずすることがあります。例えば、きれいな花が目の前にあったとします。それを大人は子どもたちに見せたいですよね。大人はすぐさま「きれいでしょ。見てごらん。」と先に言ってしまうでしょ。それは導きであり、イメージの強制でしかありません。立ち止まって眺めているだけで充分なんです。そのうち子ども達の中から「きれいだね。」とか「これはなんていうお花?」という言葉が生まれてくる。その言葉を拾って、褒めたり、補足してあげるのが大人の仕事。教育とはそういうことなんだと思います。」副園長先生は、そんな感動的な言葉を俺たちに土産として持たせてくれた。

自分の近い将来について具体的に考え、そして自ら動き、自ら感じた、最初の出来事だったかもしれない。俺たちは衝撃的な体験を、感動というエネルギーに変えて、ねむの木学園を後にした。俺の学校設立の夢は日に日に大きくなり、民間で設立されている学校に興味が膨らんで行った。

大学四年生にとって、最後の一年は、教育実習と教員採用試験と卒業論文にほとんどの時間を費やさねばならない。したがって、大学の講義がない学生がほとんどだ。俺は、我が大学最初の小中高全ての免許取得を目指していたので、四年生になっても毎日大学に通った。三年次からカリキュラムが変わったお陰で、今までは高校免許取得が不可能だったのが、学生の希望があり、さらに上手く講義が履修できれば、四年間で三つの免許取得が可能になったんだ。俺はそれが可能な学生だったので、出来る限りの努力はしてみようと思った。ましてや、四年次に一つも講義を取らないのに、授業料を払っているのが勿体無いと思ったのも理由のひとつだけど。下級生との講義では、冷たい視線も感じた。

「あの人、四年生なのにこの講義取ってるって事は、落としたんだよね。」的な視線が、俺に向けられたけど、俺は気にしなかったし、わざわざ説明する必要もないと思った。

実習が終わると、四年生は来年の採用に向けて受験勉強に集中し始める。俺もそうしなければならない立場だったが、公教育への魅力は、その時点でゼロだったから、俺は採用試験を受ける必要がなかったんだ。みんなは不思議がったけど。自分の学校設立が、俺の目標になっていたというのが、一番の理由だけど、もうひとつ、俺を高校教育へ駆り立てる、悲しい出来事が起こったんだ。その出来事に関しては、後に記すが、とにかく、その時の俺にとっては、免許取得と、卒業論文が最重要課題となっていた。

迷わず俺は卒業論文の題材に「フリースクール」を選んだ。この論文を元に、自分の学校を本物にする為だ。三年の後半から、全国にある、有名なフリースクールを自分の足で回り始めた。現在のフリースクールも、ある意味その弊害があるので、どうしても表に出てこない。とにかく、閉鎖的な性質を、どのフリースクールも持っていたんだ。

数少ない文献をもとに、片っ端から見学希望のアポイントを取ったが、どこも消極的だった。「何の目的で見学されるんですか?」「それをどのようなものにお使いになりますか?」

「うちは外部の見学をお断りしているんです。」

通ってきている子ども達を保護する意味での、取材拒否が大半だったが、俺はそれに強烈な違和感と嫌悪感を感じた。それじゃ、いつまでたっても、フリースクールや、そこに通う子どもたちは市民権を得られない。悪い事をしているわけじゃない。ただ、用意された学校に通えなかったり、通わないと選択しているだけじゃないか。なのに、なぜそれを隠そうとするのか。自分達のやっていることに自信がもてない証拠のように思えて、拒否されたフリースクールには興味が無くなった。

マスコミにも一般にもオープンなフリースクールもある。そういうフリースクールは子どもも多く、実践もしっかりしていた。主宰者の考え方も、素晴らしい思想の元に確立されていた。北海道の黒松内町というところにある、あるフリースクールでは、俺は一週間の滞在生活を許可された。知り合いがそこのスタッフだったということもあって実現した貴重な体験だったが、最初、彼も消極的だった。「理解できない世界かもしれないよ。ここの情報を外に出していいものかどうかも俺にはわからないよ。」と、俺の取材に対して否定的だった。

「俺も自分の学校作ろうと思ってるんです。興味本位や、冷やかしではありません。どうしても、そこの子ども達の生活が見たい。子どもたちと話がしたいだけなんです。」俺は、食い下がり、自分の気持ちを熱く語った。「分かったよ。主宰者の先生に聞いてみるよ。」俺の熱意に押された彼は、主宰者にもその旨を伝え、滞在を可能にしてくれたんだ。

十月。北海道はもう根雪になっており、あたりは一面銀世界だった。函館から、急行で長万部へ。そこから一日三本しかないローカル線に乗って、三時間。ブナ林の北限である黒松内町は、本当に何も無い街だった。駅に降り立ち、辺りを見回しても何も無い。商店ひとつ無い。信号も無い。ふぶき吹き荒れる中、ドリフトをしながら一台のポンコツ車が俺を迎えに来た。そのフリースクールに勤務する彼だ。

前方が見えない吹雪の中、車を走らせながら、彼は俺に言った。「最初は驚くと思うけど、君の志があれば、そのうち慣れると思うよ。でも、子どもたちと話をすることは至難の業だ。俺だってもう二年になるけど、子ども達の間に壁がある…。」そういうと黙り込んだ。彼は彼なりに大変なんだなって思った。

そのフリースクールは、本部を札幌市に置き、そこでも大勢の子どたちが生活しているのだが、県外からの子ども達のために、寮を備た分校として、黒松内分校があった。俺が訪れたのは、お昼頃。子どもの姿はどこにも無かった。「まだ子どもたちは寝ているよ。起き出すのは夕方ころだから。それまでゆっくりしてよ。起きてきたら紹介するから。」彼はそういうと、自分の仕事を始めた。昼夜逆転。それだけでも、なんだか俺はワクワクした。

日が沈む頃になると、続々と子どもたちが下のフロアーに降りてくる。見た目はいたって普通の子どもたちだ。いじめに苦しみ、学校に行けなくなった子どもだとは思えないぐらい、明るい。彼が俺を紹介すると、子どもたちは俺を疑いながらも挨拶してくれた。

ご飯を食べるもの、トランプやオセロを始めるもの、本を読むもの、ギターを弾くもの。とにかくばらばらで、統一感は無い。スタッフが何かを指示することも無く、授業らしいものも無い。ただ、そこで生きているという感じだった。俺は、ただそれを眺めることに徹した。子どもたちから俺に話しかけてくるまでは、動かないほうがいいと判断したからだ。一日目は、その挨拶だけで終わった。「これからこの人しばらくいるから。よろしくね。」彼がそう子どもたちに説明すると、子どもたちは不思議そうな顔をした。

牧草小屋の二階に彼は住んでいて、俺もそこで泊まらせてもらうことになった。めちゃくちゃ寒いのにコタツしかなかった。部屋には、本と少しの衣料以外、余計なものは何もなかった。「びっくりしたでしょ。ああいう生活が、うちでは普通なんだ。あ、ここもすごいね。経営が大変だからさ、俺たちスタッフの給料なんてほとんど出ないのが現状なんだよ。金なんて本当に無いんだ。」

フリースクールの抱えるもうひとつの深刻な問題を垣間見た気がした。ストーブも買えない生活を強いられても、彼は自ら子どもたちと共に生活する仕事を選んでいる。感動してしまった。なんか妙にかっこよく感じたんだ。学歴、名誉、地位、金、金、金。そんないやらしいものが先行するこの世の中で、彼は自分の生きがいや、人の為に何かをすることを選び、そして、生きている。その営みに贅沢や安定なんて言葉は存在していない。誰に褒められるわけでもないし、何か大きな見返りがあるわけでもない。公教育の先生に比べて、決してメジャーな職業でもないし、逆にあまり認めてもらえない、保障もされない職業。なのに彼は、とても幸せそうに見えた。

この人、本当に自分ひとりで生きているんだ。自分で決めて、自分のために、自分で考えてる。自分らしく生きる為に、自分らしく自由に生きる為に。

俺の心に雷が落ちた。好きな車も、好きな洋服も、素敵な部屋も、充分なお金も無いけれど俺には無い豊かさを、彼は持っていた。シンプルな生き方のかっこよさを、彼は俺に教えてくれた。寒さに凍えながらも、コタツの暖かさに感謝しながら、俺たちは自分達の将来について朝まで語り合った。

二日目。朝からスクールに行くと、子どもたちが数人起きていた。朝起きていることもあるんだなって思ったら、そうじゃなかった。これから寝るところだって言うんだ。彼らにとって太陽の出入りも、時間も、関係なかった。自分の起きたい時に起きて、寝たいときに寝る。食べたいときに食べて、遊びたいときに遊ぶ。彼らの生活は、ある意味自由だった。

これから寝ようとする子どもの一人が、俺に近寄ってきた。「ねえ。なんて名前だっけ。」妙に緊張してしまった。と、同時にうれしくなった。「長岡秀貴っていうんだ。君は？」「○○。沖縄から来てるんだ。」そんな会話から、俺は奇跡を起こした。寝ようとしていた子どもたちが、次々と俺のところに歩み寄ってきたんだ。「俺は○○。ねえ、ギター弾ける？」「僕は○○。何しに来てるの？」彼らにとっても、外部からの訪問者は久しぶりだったらしく、ましてやしばらく滞在する若者なんて初めてだったから、興味があったんだろう。寝ることも忘れて、俺に様々な質問を投げかけてきた。ありふれた話。そう、俺は核心に迫るような話は一切しなかった。ただ、その子ども達の声を聞けること、彼らの気持ちに触れることだけで充分だった。それを境に、俺は彼らに受け入れられることに成功した。

その夜。スタッフの彼が、浮かない顔で俺に話しをした。「信じられない光景だよ。あいつらがあんなに楽しそうに大人に話をするのは。俺と話をしたことも無い奴だって、君とは話をしてるんだ。なんか自信なくなっちゃったよ。」なんか切なくなった。急に自分が悪い事をしているような気分にさえなった。彼は自分の人生をささげてまでも、子ども達の為に毎日がんばっている。学生の分際で、自分の為だけに、ちょこっと取材に来た俺が、彼の城を壊しているような気がしてならなくなった。

それでも俺は次の日から、積極的に子どもたちに話しかけた。年齢や立場を越えて、人として彼らに受け入れられてる感触がつかめていたので、俺のお願いを素直にぶつけてみた。そのことで、その関係が崩れてしまうのではないかという不安はあったが、俺には時間が無かったから、自分の勘にかけてみることにした。「いいよ別に。そんなことなら。」こっちの不安をよそに、子どもたちはみんな快く取材をＯＫしてくれたんだ。なんか拍子抜けしたけど、安心して、俺が知りたい核心に迫っていった。

「俺は、学校でいじめられたし、親も嫌いだった。とにかく、そこにいるのが嫌で嫌で。でも誰も助けてくれなかった。だから、ここに来たんだ。ここはいいよ。自由だし。みんな暖かいし。」

「私は、いじめを受けていたわけじゃないんだけど、学校に行くことに疑問を感じてたの。何で毎日いかなければならないのかって。学校自体は友達もいるし、先生も優しいから嫌いじゃなかったんだけど、やりたくないことまでしなければならないことが、耐えれなかった。行かないと特別扱いされて、行きづらくなる。親も心配するし、自分がいけない事をしているんではないかって、自分を責めるようになる。何も出来なくなってここに来た。ここに来たら、すごく楽になったの。自分は悪くないって思える場所だし、こんな私を認めてくれる人ばかりだし。」

全国から集まっている理由は様々だった。いじめられて学校に行けなくなったもの、自ら学校に行かない事を選んだもの。理由は違うけど、抱えていた苦しみは一緒。自分自身では、自分自身の状態を判断できない年代の彼らは、他人に自分を重ね合わせて判断する。それに合わない自分をおかしいと思い、責め始める。さらに大人は、その自分を「普通じゃない」

と責める。行き場の無い不安と、苦しみが、幼い心を蝕んでいく。そこに、自分と同じモノサシを持った人間の存在を知る。自分自身で自分を認め直すことが出来、自分もそうだったからこそ、同じ苦しみを抱えた相手を認めてあげることも容易に出来る。そして、生きる希望を奪い返すことが出来るんだ。

今の生活について、将来のことも含めて俺は少し厳しい質問も投げかけた。「ここを出たらどうするの？ここでは自分達の気の向くまま、自由に生活できるけど、ずっとここにいるわけには行かないよね。社会は君たちのモノサシと合わなかった生活で動いてる。そこに君たちは出て行かなくてはならないよな。どう考えてる？」子ども達のリアクションは正直だった。大人たちは自分達の状況を知っているから、ここに来てもそういった核心に迫るような質問はしないし、とにかく気を使っていることが分かるんだそうだ。本心は違うのだろうけど。それが嫌で仕方がなかったが、自分達の中でも、そういう質問はされないだろうという安心感があったらしい。

だから、最初は黙り込んでいたけど、一人の男の子が口を割った。「こんな生活がずっと続くわけ無いと思っているよ。これがいいことだとも思っていない。外の人が見たら、みんなびっくりするよね。俺たちもそれはよく分かっているんだ。でも、今の時点で俺たちはみんな心に大きな穴が開いちゃってるんだ。埋めようと思っても埋められない大きな穴。その穴を少しずつだけど、小さくしているところなんだ。それを許してくれる、そんな俺たちを認めてくれる場所は、残念だけどここしかないんだよね。」

俺は頭を金槌でひっぱたかれたような衝撃を受けた。子どもたちはただ厳しい現実から逃げているわけではなかった。毎日それと戦っている。向かい合おうと努力している。学校に通える子どもたちが、考えることも、思いつくことも無いであろうことと共に歩いている。

問題は子どもたちにあるわけではない。「残念だけどここしかないんだよね。」この言葉に隠されている真実は、大人たちが、そして社会が、苦しんでいる弱者たちのために何もしていないという証拠を浮き彫りにする。画一的なものから脱却するものを、「甘え」「怠け」「異常」とみなし、「中傷」「叱咤」「排除」を続けてきた社会の愚かさを、彼らは身をもって証明していたんだ。

俺は何も知らないまま、ただ、自分の為だけに学校を作るんだって意気込んでた。なんだか恥ずかしくなったし、情けなかった。俺は彼らに沢山の事を教えてもらった。その話し合いは、スクールにいる全ての子どもたちを巻き込み、盛り上がりをみせた。しかし、突然風向きが変わったんだ。

今まで、自分の気持ちを決して話さなかった男の子が、自分の過去を話し始めたとき、話し合いを離れて見ていたスタッフの彼が突然泣き始めた。子どもたちも俺も困惑した。「俺だってさ、一生懸命お前らのためにがんばっているんだ。でも、今まで一度だってこんな話してくれなかったじゃないか。俺じゃ駄目だってことかい?俺には話せないってことかい?」

話し合いの方向性が変わってしまった。俺の独りよがりの試みが、そのフリースクールの抱えている問題を露呈させてしまった。子どもたちも黙り込んだ。険悪なムードが漂うフロア。何とかしなくてはと思ったが、ここは外様がしゃしゃり出るところではないと思い、事の成り行きを静かに見守ることにした。沈黙を破ったのは、今まで自分を語らなかった男の子だった。

「そんなこと無いよ。俺達のために毎日がんばってくれていることを俺たちも知っているし、感謝しているよ。ほとんど給料出てないことも知ってる。俺たちはあなたに甘えているだけなんだ。恥ずかしくっていえないことがあったのも確かだけど、そんなに苦しめているとは知らなかったことも確かなんだ。ごめんね。」それを口火に、子どもたちは泣きながら彼を慰めてた。俺も一緒になって泣いてたけど。こんな俺が、そこを訪れたことによって、何らかのきっかけが生まれ、子どもたちとスタッフの彼の間にあった大きな壁が音を立てて崩れた。俺は、何も出来なかったけど、彼らのひとつつになっていく様子を垣間見れたことで、充分幸せだった。

滞在期間が終わり、黒松内町を離れる日が来た。一日に三本しかないローカル線の始発は、朝五時。前夜に子どもたちに別れを告げておいた俺は、駅まで彼に送ってもらった。貴重な体験を実現させてくれたことに対する、心からの感謝を告げて、電車に乗り込んだ。見送る彼の後ろに、次々と現れるいるはずの無い人影に、俺の心は大きく揺さぶられたんだ。

子どもたちが、こんな早朝にもかかわらず、こんな俺を見送りに来てくれたんだ。「また来てね。また会えるよね。」元気よく手を振る子どもたちに、どう表現していいか分からない感謝の気持ちと、感動が一気にこみ上げ、俺はボロボロ泣いてしまった。彼らが見えなくなるまで、俺は「ありがとう」と言う言葉を繰り返し手を振り続けた。

乗客は俺一人。誰に気遣うこともなく、俺は声を出して泣いた。

その経験を元に、一年間かけた俺の卒業論文はフリースクールの現状を切るルポルタージュとして完成し、担当教授からも大絶賛を受け、出版の話まで持ち上がった。しかし、もう一度校正しなければならないということに対する、面倒臭さと、取材に応じてくれた主宰者の皆さんとの約束を守りたくて、出版の件は断ることにした。

論文の完成と同時に、俺の自分の学校設立の思いは本物となり、遥か遠くの夢ではなく近い将来の目標となった。様々なフリースクールの現状と、抱えている問題点を浮き彫りにできたことで、自分の作る学校のイメージが、オリジナル化されていったのもこの頃だ。

新しい事を始めるには、強い志と、信念と、根性と、エネルギーが必要になる。そのうちひとつでもかけてしまったら、目標は達成されない。俺の場合、現行の教育現場の不満から始まったことなのだが、生徒としては学校を経験しているが、教師としては経験していない。経験もしていない事を、ただ批判して、そうでないと自論をかましても説得力がない。

巷でよく耳にする「学校が悪いよな。」「先生がおかしいよ」という批判的な言葉。でも、先生にしか分からないことだって沢山あるはずだし、先生になっていない人がいくら批判しても、それは投げっぱなしの無責任な言葉でしかない。俺はそうにはなりたくなかった。大学教授で、現場を経験していない人が、教師の卵たちに教育論を語る。当然俺はその教授に違和感を感じたし、不満も抱いた。

「お前は、子ども達の前に立ったことないだろ?分かるのかよ!」って突っ込みたくなるような講義の連続だったから、余計に自分はそうなりたくないと思ったのかもしれない。

自分の学校を作るためには、まずは現行の教育現場に入ることが先決。現場に入って、現行の教育のもつメリットとデメリットを知ることからはじめよう。それが分かった上で、自分の作る学校の方向性を考えていけばいい。その時点ではそれぐらいしか考えられなかった。とにかく、学校現場に入り込まねばならない。採用試験は終わってしまっていたので、可能なのは私立の学校のみとなる。どうせ、現場に出るならば、自分が卒業した、自分が最も愛する、日本一の母校で働きたい。そう思った。

思っただけで現実はとても厳しい。そう簡単に俺を受け入れてくれるはずもなく、卒業するまで俺の苦悩は続いた。とにかく、俺の「自分の学校を作る」という目標は確固たるものになり、それに向けて何をする必要があるのかだけが、毎日俺の頭の中をぐるぐると廻った。就職先も決まらないまま、自分の夢だけが日に日に大きく膨らんでいくのを感じながら、俺の大学生活は幕を閉じた。

不安もあったが、それを上回る自分の将来に対する希望があった。

9　生きるということ

俺が小学校教師から、高校教師に志望を変えた理由はいくつかあると綴ってきた。それを決定付けた出来事が起こったのは、俺が二十歳の冬だった。いつものように講義が終わったあと、部活に出て、へとへとになってアパートに帰った。一服していると、ドアチャイムが鳴った。「集金または、宗教の勧誘か？」と思った俺は、足音を立てないように玄関に近づき、のぞき窓から外を見るといるはずの無い人間が立っていた。高校の同級生マサユキだ。突然の訪問に驚いたが、すぐにドアを開けた。

「なんでいるんだよ？」「驚いた？急に来たくなったから来ちゃったんだよ。」何の連絡も無かった。突然の訪問だったから、俺はすこぶる喜んだ。そういうのが大好きだったから。部屋に入って話をしてると、またチャイムが鳴った。今度はシンだった。東京の専門学校に通っている二人が同時に来たことに、打ち合わせしてきたんだろって俺は疑ったんだけど、まったくの偶然らしい。同じ新幹線に乗ってきたけど、お互い別の車両に乗っていて気づかなかったという。まあ、そんなことはどうでもいいことで、とにかく、こうして級友に会えることは、本当にうれしかった。

俺たちは高校時代、いつも一緒にいた。何をするにも、どこにいくにも、とにかく同じ顔ぶれがそこにいた。特別な仲間だったわけだ。その仲間が、突然顔をそろえたことに興奮した俺は、長野に残るハルキにも電話し、これから静岡に来ないかと誘った。

「えー。俺、東京駅分からないし、怖いから一人で行きたくない。」などと情けない事を言っていたが、ハルキのお母さんの後押しも手伝って、夜九時の電車に乗って、ハルキも静岡に来ることになった。結局、ハルキの不安は的中し、東京駅で迷い、最終の新幹線に乗れなかったと、半泣きで電話して来たが、鈍行で来いと励まし、強引に静岡入りさせた。ハルキが静岡に着いたのは、夜中の一時を回っていた。

それでも俺たちは久しぶりの再会に興奮した。卒業以来、個別にはそれぞれ会っていたんだけれど、全員が顔をそろえることは無かったからだ。俺たちは再会を喜び、今の自分の近況を話しながら飲み明かした。「不思議だな。こんな機会滅多に無いぞ。このメンバーが集まると、ろくなことが無いけどな。」なんて話しながら、卒業以来話題に上がらなかった、高校時代の話に華が咲いてた。見ることがタブー視されてた、高校時代の文化祭のＶＴＲを見ようということになり、それを見ながら

「若けーなあ。あんなこと言ってるよ。恥ずかしー。」なんて過去の栄光を笑うと共に、自

分たちも確実に年齢を重ねていることを実感していた。

「そういえばさ、同級会やってねえな。今年の夏やるか。学校の庭でさ、あの時みたいにバーベキューでもしながら。どう?」「いいねえ。」みんな賛成した。俺たちは3年最後の文化祭の打ち上げで、教室の横の庭で、バーベキューをやった事を思い出していた。

「あ、そうだ。最近アリチャンと連絡とった奴いる?」アリちゃんとは有也先生のことだ。俺達の担任であり、俺達の憧れの大人。

「会ってないし、電話もしてねえな。同級会のこともあるし、電話してみる?今。」深夜にもかかわらず、俺たちは有也先生に電話してみることに。いくらコールを続けても電話に出る様子は無かった。

「忙しそうだったからな。ほとんど家にいないらしいよ。」「本当に忙しいのかな?また一人で飲んでんじゃねえの。」好き勝手言いながら、俺たちは何度かかけ続けてみたが、先生が電話に出ることは無かった。高校時代の思い出話が絶好調に盛り上がり、卒業間近に授業で見せてもらったあるドラマを見ようということになった。

高校生の仲間達の、青春時代とその後を描いた青春ドラマで、内容は俺たちにかぶるものがあって、強烈に印象に残るドラマだったから、俺もビデオを持ってたんだ。

そのドラマのクライマックス。仲間の一人が交通事故で死んでしまう。仲間の突然の死を受け入れられない仲間たち。友達が火葬され、灰になってもその実感がわかない。灰になった友達を眺めながら呆然とする仲間たちに、火葬場の職員が話しかける。「お前たち。おちんちんの骨がどれか分かるか？」みんな笑いながら、これかこれかと拾い上げる。どれも違うと職員は首をふり、ひとつの骨を取り上げ「これだよ。これがおちんちんの骨だ。」と教えてくれる。それを聞いた瞬間。仲間たちは声を出して泣き始めるんだ。

そのシーンを見ながら、「なあ、どんな人生おくっても、お前らの自由だけどさ。これだけは止めような。やだよ、若いうちに、お前達の骨拾うのだけは。」何でそんな事を言ったのか。何でそんな昔のドラマを見たくなったのか。そして、何で俺たちは集まったのか。その時は誰も疑問に思わなかった。

次の日の朝。やっと眠りについた俺たちを、電話の呼び出し音が叩き起こした。最初は無視していたが、あまりにも鳴り続けるので仕方がなく受話器をとった。オヤジからだった。何でこんな朝早く、それもオヤジが電話してくるなんて。

不思議に思ったが、そんな事を言い返す前に、オヤジの様子が普通ではないということが感じ取れた。

「落ち着いて聞いてくれ。昨日、先生が亡くなったんだ。」「え？誰？どの先生。」何を言われているかよく理解できていなかったが、小学校か中学校のとき担任だった、年配の先生が亡くなったのだろうと、ボーっとした頭の中で想像していた。ところが、次に入ってきた言葉が、俺の眠っていた頭をぶん殴った。

「アリちゃん。アリちゃん死んじゃったんだよ…。」「は？何言ってんのオヤジ。朝から冗談はよしてよ。」三十歳そこそこの有也先生が死ぬはず無いだろ。なんかの間違いだ。そう思う俺をオヤジの声が、否定していく。オヤジも泣いているのが分かったんだ。

「昨日の夜な、突然亡くなったんだ。早くみんなに連絡してくれ。」生まれてきて、初めて血の気が引くのを体験した。体がガタガタ震えて止まらない。有也先生が死んだ。あの先生がいなくなってしまった。その事実もさながら、俺の部屋にみんながいることが、更に俺には信じられないことだったんだ。「起きろよ！寝てる場合じゃねえんだよ！」俺は受話器を放り投げて、みんなを叩き起こした。みんなも俺の狼狽振りにすぐにただごとではないと感じ、飛び起きたんだ。顔面蒼白で、震える俺にみんなは理由を尋ねるが、俺はすぐに口を開けなかった。

受話器の向こうではまだオヤジが何かを叫んでた。深呼吸して受話器を拾った俺は「みんなここにいるんだ。今すぐ帰る」と告げて電話を切った。みんなはまだ事の真相を知らない。眠気眼で執拗に俺に理由を聞いてくる。

「アリちゃんが、アリちゃんが死んじまった。」

みんな何も言わなかった。言葉は必要なかったんだ。泣き始めるハルキ。「泣いてる場合じゃねえ」と怒鳴る俺。みんな、この状況が不思議だった。偶然に集まった俺たちは、偶然に集まったんじゃなかった。あの人が俺たちを集めたんだ。あの人が俺たちに伝えようとしたんだ。俺たちはすぐに準備をして、車を長野に向かって走らせた。誰も何も話さなかった。誰もその事を信じようとはしなかった。何かの間違いだ。きっと嘘に決まってる。俺たちが帰ったら、ひょっこりあの人がいて「わりいわりい。変な話になっちまっててさ。」なんて笑うに違いない。俺たちはそうである事を強引に信じようとしていた。そんな時、車のカーステレオから一曲の歌が流れた。ジョン・レノンの「イマジン」あの人が好きだった歌。あの人が俺たちによく聞かせてくれた歌。あの人が「こういう世の中になればいいな」っていってた歌。

その時の俺たちには、違う曲に聞こえた。あの人を送り出す、哀悼の歌のように。マサユキが窓に額を押し付けて泣いているのが見えたが、俺は泣けなかった。泣いたら、それを認めることになるって思ったからだ。長野に着くと、もうすでに有也先生の実家に行く準備が出来ていた。バスをチャーターして、クラス全員、そして俺達の親たちも、あの人の元へと向かった。誰一人として欠けることなく、俺達のクラスは再会した。でも、誰も口を開かなかった。卒業以来の再会なのに、誰もうれしそうじゃなかった。

まだ俺は認められないでいた。喪服を着ている親たちを見て軽蔑さえしたんだ。「死ぬはずないじゃないか。死ぬわけがない。」そんな言葉を繰り返しながら、自分の目で確認していないという微かな希望にすがっていた。有也先生の自宅近くでバスが止まり、一人のお母さんが俺に大きな花束を渡した。目を真っ赤にしながら「長岡君から、渡して。」といったが、俺はそんなものを渡したくなかった。

刻一刻と認めたくない真実に向かう。玄関先に出されていた、提灯とお通夜を継げる電灯が目に入ったとき。俺は初めて認めたくない事実を受け止めなくてはならなくなった。あの人は、奥の座敷に横になっていた。顔にかけられた白い布を取ると、そこに現実があった。何とか認めないという方法で、こらえてきた俺の感情がもろくも崩れ、硬く冷たくなったあの人の胸に顔をうずめて、俺は人目もはばからず大声で泣いた。「こんなことしなくたって、ちゃんと俺たち集まるよ！アリちゃん言ったじゃないか！親より先に死ぬことほど親不孝はないってさ！」周りの奴らに、引き離されても、俺はあの人に文句を言い続けた。

それからのことはあまり覚えていない。通夜から帰ると、俺たち仲間は俺の実家に泊まった。誰もひとりにはなりたくなかったからだ。それから一週間。告別式まで、俺たちは何もしない時間を、俺の部屋で過ごした。俺たちの担任はいなくなってしまった。まだ自分達の将来を決めあぐねて悩む俺たちにとって、あの人の存在は大きな支えだった。

「だっせえな。甘いんだよお前は。」いつも認めてもらえなかったけど、的確なアドバイスと、やる気の出る熱い言葉をかけてくれたあの人。

もう、俺たちは叱ってももらえないんだ。虚無感が俺を襲った。失意のどん底にいる俺に、母校の校長先生がこんな話をしたのは、告別式のときだった。「長岡。アリちゃんな、亡くなる三日前に校長室に来てな。お前の事を話したんだ。これからのうちの学校は、卒業生が教師として戻ってこれる学校にしましょう。そういう学校にならないと駄目ですって。お前を採用してくれって頼むんだよ。お前、高校教師になるつもりはあるのか。」悔しかった。悔しさとあの人のやさしさを感じてまた涙が溢れた。

あの人は知っていたのかもしれない。自分の命がもうじき尽きてしまうのを。俺にはそう思えてならないんだ。高校教師を薦めたあの人に、俺は最後まで、自分の志望を高校教師に変更した事を告げることが出来なかった。

実習先も中学から高校に変更し、高校免許も取り始めていた事を、一言も告げられずにあの人は逝ってしまった。一年後には実習生として、同じ教壇に立てる日が来たのに、その時にもうあの人は学校にいなかった。その時から、俺は自分の母校への就職を硬く心に誓ったんだ。

「甘いなお前。」っていつも認めてもらえなかったあの人と同じ土俵で勝負したかったのに。

もう勝負出来なくなった。勝ち逃げじゃないか。あの人の意思を継いで、あの学校に教師として戻ることが、自分を納得させる為の唯一の手段になった。

あのドラマの火葬場シーンがよみがえる。俺たちは、親族の皆さんと一緒に火葬場に向かったんだけれど、車の列の最後尾にいた俺たちは、信号によってはぐれてしまった。火葬場までの道は聞いていたんだけれど、いつまでたってもたどり着けない。老人ホームに火葬場の場所を聞くなんていうタブーまでしたのに、俺たちはどうしても火葬場にたどり着くことは出来なかったんだ。

やっとの思いで、火葬場に着いたとき、一人の先生が飛んできて「お前ら何やってたんだ。アリちゃんもう中に入っちゃったぞ。」と叫んだ。最後までかっこつけられちゃった。そんな姿見せたくなかったのかもな。俺たちは最後のお別れが出来ず、灰になったアリちゃんと再会することになった。まさにあのドラマのワンシーンが俺たちにかぶる。手が震えてよく御骨が拾えない。これが、この灰があの人だっていう事を信じれない俺がいた。人の命のはかなさ。死んでしまった後の虚無感。

あの人がいなくなってしまったということを、認められないまま、俺たちは最後まで御骨をひろい続けたんだ。涙があの人の骨にしみこんでいくのを眺めながら。

有也先生は、三十三年という短い生涯を全力で走りぬけた。まるで自分の寿命を知っていたかのように、亡くなる前の数年は執念さえ感じさせるような仕事振りだったそうだ。マスコミの世界に進もうと思っていたあの人が、土壇場になって教師になる事に決め経緯はとても複雑であったと聞いたことがある。そして、教師になった事を悔いたことがあった事も。

しかし、あの人は自分の命が尽きるまで、天職として教師という職業に全力を傾けた。そんな、命を賭けて教育活動をしていたあの人に出会えたこと、そして、生徒として関われたことを俺は一生忘れないであろうし、誇りに思う。本が大好きだったあの人は、この本をなんと言って読んでくれるだろう。きっと「下手な文章だな。売れないよきっと。」って笑うだろうな。

俺はこの悲しい出来事を期に、生きるということを切実に考えるようになった。自分が死の淵にいたときとは、また違ったニュアンスで。自分の死以上に、自分に関わる人々の死がどれほど辛いかを知った。

それからも、俺には過酷な生死に関わる試練が続く。後輩の死も突然訪れた。深い関わりはなかったが、少しの期間その後輩は俺の部活にいた。なかなかみんなに馴染めない子だった。いつも一人でいつも誰かを探してた。一度だけ、部活が終わった後に、マンツーマンで練習してやったことがあった。

その時、自分が今までずっと人に嫌われてきたこと、いじめられてきたことを告げられた。「だからなんだ。今こうしてお前は大学に入り、部活にまでやってがんばってるじゃねえか。そんな過去は捨てちまえ。」って、その時俺が言ったんだそうだ。俺は覚えてなかったけど。それをその子はとてもうれしかったと、ある飲み会で俺に言った。

周りのみんなは冷やかしたけど、そういう人間がほっとけない俺は、口には出さなかったがうれしかった。その後うちの部活も辞め、いろんな部活を転々としているという噂だけを聞いた。学校にもほとんど来なくなっていたらしい。俺も別段気にしていなかった。そんな子がある日俺に電話をしてきた。

どんな内容だったのかも覚えていない。それぐらいにしか相手にしてなかった証拠だ。その電話があった日。その子は大学の十一階から飛び降りた。

飛び降りた直後。その子はまだ生きていた。「痛い。死にたくないよ。死にたくないよ。」という言葉を繰り返した。自ら命を落とす人も、決して死にたいわけじゃないんだ。みんな生きたいんだよ。死にたいほど生きたいんだ。俺はその子を救ってやれなかった。助けを求めて、電話までしてきたのに。俺はその子を救ってやれなかった。というより俺が殺してしまったと思っている。

あんな事を言わなければ、俺はこんな苦悩を背負わずに済んだし、あの子も死なずに済んだかもしれない。その子が命を絶った直接的な原因ではないだろうが、俺の中では忘れられない最悪な事実として残った。部活の打ち上げコンパのときだった。

「私の自慢は何もありません。やりたいこともないし、嫌われて当然だと思うし…。」常に自己否定をし、自己評価を下に下につけるその子に腹が立った。「本当にそうなのか？本当にそう思ってるのかよ。なんかあるだろ。ひとつぐらいはさ、自分で自慢できることがさ。」酒も入っていたこともあって、俺は強い口調でその子を責めた。それでも頑なにその子は自分を否定する。

「いいんです。なにもなくても。仕方がないんです。こういう人間だから。」あまりにも情けない回答に、俺はぶち切れた。「じゃあ生きてたってしょうがねえだろ。死んじゃえ。」俺はその子に死を勧めたんだ。言い訳はしない。本気じゃなかったじゃ済まされないことだ。

これを書いている今も、俺はこの言葉で吐き気を催す。俺の世代にも、そして子ども達の中にも気軽に「死ね」や「殺すぞ」と口にする奴らがいる。俺もそれまで、簡単にその言葉を使ってたのかもしれない。自分が死の淵を経験したにもかかわらず、そんな排他的な言葉をいとも簡単に人に投げかけているような駄目な人間だった。俺はその言葉を聞くと、誰でもかまわず不快感を示し「その言葉は撤回してくれ。本当に殺せるのか?本当に死んで欲しいのか?」と異常なぐらい責め立てる。

あるときは、その狼狽の仕方に引かれることもあったけど、どうしても許せない言葉なんだ。それは自分に対する叱責でもあるんだけど。その子の死を俺は一生背負っていくつもりだ。そして、もう二度と自ら命を落とす人を出したくないって思った。

しかし、その後も、お世話になった大事な人、自分の関わった生徒。残念なことに、自ら命を落としてしまった人が続く。無力な俺は誰一人、救ってあげることが出来なかった。自分をいくら責めても、その人たちは帰ってこない。俺はもう誰も殺したくないんだ。誰にも死んで欲しくない。

人はいつか死ぬものだから、その寿命を全うしての死は受け入れなくてはならないが、生きたいのに生きられるのに自ら死を選ばなくてはならない人々を俺はもう見たくないんだ。だから、俺はその人たちのために学校をつくる。

死にたいぐらい苦しんでる人たちがいる。今にも死んでしまいそうなギリギリのところで一人泣いている人たちがいる。それは現実にある事実だ。一人でも多くの命を救えるのなら。それが必要だと気づいている俺がやる以外ない。俺に課せられた使命として、俺が生き続けている理由として、俺は人が生き続けられる社会をつくるために命を賭けよう。そんな社会をつくる為の最初の仕事が、新しい学校の設立なんだ。俺の目標は俺の人生そのものであり、俺が生きつづける理由でもあるんだ。

だから絶対にそこまで行ってやるんだ。どんな事をしてでも。
自分に嘘をつかないために。自分らしく生きていく為に。

10 教師長岡誕生

俺は就職も決まらないまま長野に帰ってきた。自分のふるさとに帰ってこれたことはうれしかったが、何の仕事も決まっていない俺は、煮え切らない混沌とした毎日を送っていたんだ。昔お世話になった方に、「会社を立ち上げるから、一緒に仕事しない？」と誘いを受けて、何もすることないからお世話になろうと少しずつ仕事をし始めていた三月後半のある日。仕事も休みだったのでうちでゴロゴロしているところに一本の電話が鳴った。母校の高校からだ。

「暇だったら、ちょっと遊びに来ないか。」当時の教頭先生がそう俺を誘った。様子が変だ。大学卒業の挨拶もしていなかったし、実習以来、学校にもしばらく顔を出していなかったので、気はすすまなかったが行ってみることに。髪は伸ばしっぱなしのヒッピーみたいなビジュアルだったけど、一応スーツだけは着て行くことにした。この時点で何か期待してる俺。

学校に着くと、すぐに理事長室へ案内された。ますます様子が変だ。何で理事長室なんだ?理事長室には理事長、校長、教頭、事務長、そして国語科の主任の先生が待っていた。何だこの状況は。おかしいぞ。遊びに来いといったわりには出迎えが大げさすぎる。「まあ、そこに掛け給え。」理事長は俺に着席を勧めたが、まだなんだかわからない俺はなかなか座ることが出来なかった。

ただ不思議がる俺に、校長先生はとんでもない事を口にした。「長岡。四月から学校に来い。国語科に先生が足りないんだ。来れるか？」一瞬何を言われているか分からなかったが、自分の今の立場を考えず即答した。

「はい！大丈夫ッス！よろしくお願いします！」本当はその場で飛び跳ねて喜びたかったんだけど、そういう雰囲気でないことは俺が一番分かっていたから、感情を押し殺して、冷静に話を聞くふりをした。当然頭には入っていかなかったけどね。頭の中ではカズダンス踊ってたもん。（古いな）あっという間に採用が決まり、その日のうちに教科書を渡され、受け持ちのクラスまで決まってしまった。

四月から母校に帰れる。俺は教師になれるんだ。俺にとっては土壇場九回裏二アウトからの大逆転勝利だった。小四から思い描いてた夢が現実になった瞬間。

教師、長岡秀貴。誕生の瞬間である。

浮かれに浮かれた俺は、様々な人たちに連絡しまくった。みんな口々に驚き、喜んでくれた。ある瞬間、冷静さを取り戻した俺は、重要なことを思い出したんだ。「そうだ。俺、就職してるんだっけ。」仕事を一緒にやると決めて、もう進んでしまっている企画があるにもかかわらず、俺は教師になる事を勝手に引き受けてしまった。相変わらず後先考えない俺の馬鹿さ加減は健在だった。

すぐに事務所に行くと、社長はすぐに事の成り行きを察知したようだった。「どうしたの。就職でも決まったの。」ダイレクトな突っ込み。図星を付かれて挙動不審になる俺。スーツで行けば、察しがつくよな。それから二時間もの間、俺たちは一言も会話を交わさない、険悪な時間を過ごした。その重い空気を打ち切るかのように、社長は口を開いたんだ。

「やりなさいよ。先生になりたかったんでしょ。あなたに合ってるわよ。」こんな俺を拾ってくれた人に、本当に失礼な事をしたにもかかわらず、社長は気持ちよく俺を送り出してくれた。謝っても謝りきれないことだったけど。その方とは今でも交流がある。あの時と変わらないパワフルな活動を現在も続けている。非常勤講師という形ではあったけど、とにかく俺は教師になった。教師を嫌い、教師を目指したあの日からいろんな遠回りや、苦しい経験もしたけれどとにかく俺は教師になった。

自分が思い描いていた夢が現実化するほど幸せなことはない。ひとつの目標を達成すると、人間は更に上の目標を持つことができる。極端な話、あの時の俺は「俺の辞書に不可能の文字はない」と、浮かれモード全開だった。

入学式までの間に、辞令授与式があったり、新入職員の歓迎会も催された。そこではじめて俺は、学生時代お世話になった先生たちと顔をあわせた。今度は生徒ではなく、同じ教師として。なんか変な感じだった。今まで先生だった人たちが同僚になるって事は非常に複雑な心境をつくる。ましてや私立だから、教員の異動はまずない。だから、たった四年前に卒業した俺が、学校に戻れば全員の先生がそこにはいるということになるわけだ。ただ一人。いるはずだったあの人を除いては。

「お帰り。よくがんばったな。これから一緒にがんばろうな。」と手をさし伸ばしてくれる先生。「よく教師になれたな。奇跡だよ。お前がこの学校に入れたのは。」と相変わらず毒舌な先生。「アリちゃんがいればな。よろこんだろうにな。」と涙を流す先生。

とにかく、全てが知っている先生だったけど、今までとは違うんだと自分に言い聞かせた。

いつまでも学生気分ではいられない。もうじき俺は生徒たちに先生と呼ばれるのだ。

入学式、俺は体育館のステージに立っていた。「次は長岡秀貴先生。教科は国語科です。この先生は諸君の先輩で…。」全校生徒の前で紹介されながら本当に教師になれたという実感を噛み締めていたが、同時に目の前にいる高校生達の視線に一抹の不安を抱いていた。

教師になって二年間。俺はお気楽な高校教師だった。担任もなければ、校務分掌もない。授業だけやっていればよかったので、仕事とプライベート半々で生活できた。そんな俺を快く思っていない先生方もいたが、仕事どっぷりの大人にはなりたくなかったから、言いたい人には言わせておけばいいやと開き直っていたんだ。

でも、授業は真剣にやっていたよ。若造だからいい授業なんて出来るはずがない。出来ないからこそいろんな冒険が出来る。俺は大学時代の経験を生かして、様々な授業実践を試みた。高校の授業は、様々な問題を抱えている。まあ、高校に限らず、学校という場所の授業には少なからず教師を悩ます問題が山積しているんだ。

小学校では学級崩壊という言葉が生まれるほど、授業妨害、授業ボイコットが多く、ベテランの先生でも苦悩の毎日が続いているというし、中学では、高校受験への不安、反抗期の始まりも手伝って、授業を穏便にこなしていくことは非常に困難な場合が多い。

高校の場合。授業に出なかったり、問題行動が顕著になると、学校を去っていかねばならないから、目に余るような授業妨害はないが、逆に、無気力状態の生徒を、相手にしなくてはならない。大半の生徒が寝ている授業だって、珍しくはないんだ。その生徒たちを黒板に向かわせるための努力を、日々教師たちは模索し続けている。その点俺は、それを逆手に取って自分の授業の出来のバロメーターにした。

授業に行って机に突っ伏している生徒が多いほど俺は燃えた。俺は決して、寝ている生徒を注意しなかったし、出席しない生徒を呼び出したりしなかった。もう高校生だ。どうしても来なくてはならない場所ではない。自分で選んできているのだから、それなりの責任を持って欲しい。だから、自分の行動から引き起こされる結果についても、リアルに受け止めてほしいというのが、俺の基本理念だった。

ある意味俺は冷たいのかもしれない。子ども達の愚かさに手を差し伸べる事をしてこなかったかもしれない。でも、一方では、そういう子ども扱いが、子どもたちをいつまでも成長させないのではないかという自論もあった。俺は常に子どもたちとフィフティーフィフティーの立場でいたかったんだ。だから、授業の最初には必ずこちらの心積もりを、ダイレクトに伝えた。出たくない奴は出なくていい。寝たい奴は寝ていろ。でも、そこから生まれる結果に対しては、自分自身で責任を取ってくれ。俺は必ずこういった。

子ども達の行動よりも、俺自身、教師自身の、「子どもたちにとって一番身近な大人として」の魅力づくりに最大限力を注いだ。いくらその人間が、教科書を使って、まっとうな事を述べても、その人間自体に魅力がなければそれも説得力がない机上の空論でしかない。逆に、授業実践事態は未熟でも、その人間自体に魅力があれば、子どもたちはその人間の話に耳を傾ける。大人の社会でもそれは同じだと思うんだ。だから、一人間　一男としてのレベルアップを常に自分に義務付けた。この職業を選んだ自分への戒めとして。

経験や実力がない、新米教師の俺にとって、それが最良の努力だと思っていた。寝ている子どもたちが、授業開始と共に次々と顔を上げだし、授業の終わりには、全員がこちらを向いてリアクションを示す。俺はそれがたまらなく好きだった。だから、授業の導入には力を入れたし、子どもたちをひきつけるためのネタも沢山用意した。そのネタで授業が終わってしまい、授業進行が遅れ、俺の受け持ったクラスは、テスト前に非常に速いスピードで授業を進めなくてはならないことも少なくなかったが、それでも俺は授業が大好きだったし、子どもたちもそれなりのリアクションを示してくれた。

テスト前になると「寺子屋長岡」と称した、補習授業も行った。俺は勤務時間が過ぎれば、早く帰りたい駄目教師だったので、俺からそれを提案したことは一度もない。子どもたちから、それを望んでくれたんだ。放課後、会議室を使った寺子屋長岡には、クラスを超えた沢山の生徒が集まった。どいつもこいつも、普段の授業では真剣に取り組んでいない奴ばかりだったが、放課を迎えた後の授業にはとても積極的だったな。不思議と勉強を楽しんでたもん。

どんな奴でも、何かが分かるということに喜びを感じないはずがない。ただ、小中高と、同じスタイルの教室、同じスタイルの授業という環境が、人間を飽きさせ、興味関心を疎外しているだけだ。それを少しだけ、こちら側が工夫してあげるだけで、子ども達の興味関心や、集中力は格段にアップする。それからも、俺は授業内容よりも、授業そのものの環境作りに力を入れた。

簡単な例を挙げると、授業開始と共に生徒達の机の向きを逆にする。教室の後ろにある黒板で授業をするためにだ。「えーなんで」なんていいながらも、そそくさと机の向きを変える生徒たち。その時点で俺の勝ち。寝ている奴も何が起こったのかと起きはじめるし、視覚的に今までと違う教室に興奮して、授業も違ったものに感じるわけだ。

机と椅子を全部廊下に出して、床で授業をしたこともある。寝転がりながら、ノートをとる光景は決して行儀のいいものではないし、他の先生が見たら「なんてけしからん授業だ。」って思うだろうが、そんな環境に興奮している生徒たちは、いつも以上に集中して授業に取り組む。その題材がいかに陳腐でつまらない教材であっても、生徒たちには新鮮なものとして受け入れられるのだ。

また、教師の立場になって、プチ授業もさせてみた。普段受けている授業がつまらないと思っていても、実際自分がやってみることによって、どれだけ大変なものなのかを知ることが出来る。そして教師に対して、少しだけでも尊敬の念を持つきっかけになるからだ。尊敬されたいがためにそんな事をしたわけではない。普段当たり前に受けている授業に対して、どれだけの努力がなされているかを知って欲しかっただけだ。それを毎日、継続している教師という仕事に対して、理解してほしかったというのが本音だ。毎日顔をあわせる大人の職業を理解できないと、自分の将来についても具体的に考える材料がない。教師は自分の仕事についてあまり語らないからね。

その後の授業態度が急激に変わることはないけど、その経験から、着実に生徒達の取り組み方が変わってくるし、将来教師になりたいと、自分の志望を持つきっかけにした生徒も少なくない。授業後の生徒達の感想を読むと勇気が沸いた。

「授業っぽくない授業で面白い。」

「知識とか学力とかは別として、生き方の勉強をした気がする。」

「この授業だけは休まないで出ようと思う。」

学力をつけるのは次の段階であり、俺が試した数々の実践は、あくまで生徒たちが今まで無駄にしてきた授業の時間に、「生きていて欲しい」という願いから生まれたものだ。誰も聞いていない授業で、いくら、経験と周到な授業準備をいかした実践をしても、満腹な人間に、美味いフランス料理を食わせるのと一緒だ。苦痛なだけで美味さは伝わらない。五年間で、一度も満足した授業はなかったけれど、俺は自分らしさをぶつけた、型破りの授業を続けられたことで充分幸せだった。

教師にとって満足いく授業なんてあるはずがない。常に最高の授業を目指すのが教師の役目だから。生徒達の知識習得、学力向上が教師に課せられた使命のひとつかもしれないが、それだけの為に日々繰り返される退屈な授業は、生徒たちにとっても迷惑だし、活力ある人間を駄目にしていく温床だと俺は思う。こんな事を書けば、元同僚の先生方に笑われると思うけど…。俺は教授者としても、レベルの低い教員だったから。

二年間は、ただ学校に慣れること、子どもたちと打ち解ける技術を身につけるだけで、あっという間に過ぎ去ってしまった。また今年も担任を持たせてもらえないと思っていた矢先。俺は校長室に呼び出された。「春から担任いけるか？」またまた突然の辞令。

俺への辞令はいつも突然だし、唐突だったたな。「いけるっス。やらせてください。」俺もいつも通り何も考えず即答。それが自分の首を絞める。普通常勤になれば、一年目は担任を免除されるのが慣例だった。俺は即担任。それも我が校始まって以来最大の四百人十クラスという学年に配属された。俺が尊敬していた久保田先生が学年主任ということもあって、自分が最初に所属する学年としては最高だと、期待に胸を膨らませてた。

11　本当の仕事

二年間の御気楽教員時代は、本当に楽しかったたし、気苦労もなかった。それだけ生活も充実していたんだけど、それは、ある意味で教師の「本当の仕事」を経験していなかっただけで、俺は本物の教師ではなかった。教師は担任を持ってはじめて教師となる。授業だけではない。自分の受け持つ生徒の全てを受け入れなければならない。

家族、生い立ち、進路、生活全般自分の子どものように常に関わりを持つことを義務けられる。そう。いっぺんに四十人の子どもが出来るようなもんだ。と同時にいっぺんに八十人の姑もできる。姑なんて言い方は怒られそうだな。義父、義母のほうがいいか。とにかく、生徒の保護者や家族も自分に関わってくるんだ。

それも、二十歳そこそこの社会経験も浅く、子どももいるはずのない人間に。今までの人生は、自分の気に入った人間だけをチョイスして、付き合っていけばよかった。

しかし、生徒には様々な人間がいるし、その保護者も十人十色。毛嫌いするわけにもいかず、真正面からぶつからねばならない。それに、経験を問わず、誰からも「先生」扱いされるんだ。異様な緊張感の中で担任としては初めての入学式を迎えた。

子どもたちに対しては何の抵抗もなかった。どんな感じの奴がいても楽勝だった。俺を緊張させたのは、入学式の後に教室に詰め掛けた保護者の方々だった。

「どんな印象をもたれてるんだろう。」教室の後ろに所狭しと立つ保護者の目線が、やけに刺々しく感じた。「こんなのがうちの子の担任？」「大丈夫なのこんな若造で。」そんな声が聞こえてきそうだった。

俺は、今までの経験から、普段人前でものをしゃべることに慣れていたし、基本的に緊張するなんてことは無かった。どんな状況下に置かれても、なんとかなるさ、所詮みんな人間だろ。ってな感じで乗り越えてきたんだ。

でも、俺はその時、担任として子ども達の前ではじめて話したあの瞬間。緊張のあまり、何を話したか、どれくらいの時間を過ごしたかまったく覚えていない。頭の中が真っ白になるほどの緊張感を覚えたのは、あれが最初で最後だ。初めての生徒達との生活が始まり、今までの仕事が、本物ではなかったと実感しながら忙しい毎日を送っていた。生徒たちは最高だった。擦れている子はいなかったし、特に問題行動を起こしそうな奴もいなかった。みんな小学生みたいな素直な子ばかりで、それが俺の救いだった。

他のクラスでは、新学期早々問題が出てきていたし、退学してしまう生徒もいた。各先生は、その対応に追われ、授業どころじゃないって感じだったけど、俺は生徒に恵まれて、忙しさの中にも担任教師としての充実感を得ていたんだ。ただひとつの不安を除いて。

あの入学式以来、保護者の反応が気になって仕方がなかった。生徒たちとの信頼関係を深める一つのきっかけとして、俺はほぼ毎日学級通信を発行した。通信の名前は「良志久」「ラシク」と読む。「良い志を久しく持ち続ける。」という俺の座右の銘と、「自分らしく生きる。」という俺の人生スタイルをコラボレーションして、当て字にしたものだ。良志久には、様々な事を書いた。今日学校であったこと、明日の連絡事項、そして、俺の思っていることなんかを自由に書いた。ひとつつには、俺という人間を深く理解してもらうこと。そしてもうひとつは、学校と家庭をつなぐ架け橋的役割を持たせるものとして書き続けたんだ。

しかし、家庭からの反応はなかった。子どもたちもそれを家庭に届けているかも分からなかったし、もし仮に届いているとしても、その内容に興味を持ってもらえてないのではないかという不安ばかりが募った。学級経営をしていく上で、各学校行事は大事な役割を持つ。入学して間もない頃に、我が校の伝統行事「強歩大会」がある。簡単に言うとマラソンクラスマッチだ。学年を問わず、順位ごとにポイントが付き、その総合ポイントで勝敗が付くというものだ。

クラスで初めての行事を、今後のクラスの成長を占うものとして位置づけ、班長会を中心に、クラス目標を立てさせ、それに向かって全員が全力で取り組む事を決定させた。ひとつのことに皆で向かったときに生まれるエネルギーが、一人一人の人間とそのグループを成長させる。学校の場合、クラスの団結や、クラス内の信頼感は、行事の成功で左右されるわけだ。

クラス会議の決定は、決まるまではいくら議論してもかまわないが、決まった以上はそれに不満を言わず全力で取り組む努力をすることが、民主主義の基本である事を常々言い続けていた俺は、「担任もクラスの一員。だから一緒に走ること」という、頭の痛くなるクラス決議を受け入れざるを得なかった。自分が走らねばならないという肉体的、体力的不安よりも、大会終了時に、各クラスで行うことがうちの学校の慣例になっていた、バーベキューの準備のほうが頭を悩ませてた。

どのクラスも、学級ＰＴＡの協力の下、打ち上げ会の準備がされていたが、俺の場合、まだクラスの保護者の方々との繋がりが持てていない。当然頼ることなんて出来なかった。一応、良志久には、保護者宛に、「強歩大会参加へのお誘い」をしてみたが、まったくリアクションがなかったから、俺一人でやらねえと駄目だなって腹を固めてた。前の日に鉄板やガスボンベ、食料の買出しを済ませ、当日は子どもたちを使って何とか乗り切ろうと思っていたんだ。

大会当日。クラス決議通り、一人の欠席者も出さずに、それぞれの目標に向かって生徒たちは走り、俺もまた、落ちている体力に幻滅しながら必死で走った。クラス最後尾でたらたら走るユウサクという生徒の尻をたたきながら「早く走れ。歩くなよ！」なんて檄を飛ばしながらも、そのペースについていくのがやっとの情けない俺がいた。

ゴールの学校が見え始め、この辛い状況に終わりが近づいているのを唯一の支えとして、必死に走っている俺に、信じられない光景が飛び込んできた。沿道に十人以上のお母さん方が応援をしていた。「いいなあ。他のクラスのお母さんたちか。」と、うらやましさで、更に気持ちが落ちていた俺に「先生がんばって！」と、次々そのお母さんたちが手を振った。俺は目を疑ったが、間違いなく、あの緊張の中、俺の目の前にいたクラスのお母さんたちだったんだ。来てくれてたんだ。俺の通信を見て、駆けつけてくれたんだ。あの入学式から常に俺を苦しめていた、自分でつくった誤解から生まれる不安が消えた瞬間だった。

走り続けた苦しさと、なんともいえないうれしさが相まって、涙が溢れ出して仕方がなかった。俺は間違ってなかった。俺の意思は間違いなく子どもたちに伝わりそして、保護者にも届いた。その行事はお母さん方の協力の下、大成功に終わり、クラスの団結が深まったと同時に、俺自身の、保護者の方々に対するいらない呪縛から解放された出来事となった。

その後、保護者の方々との親睦の場が頻繁になり、俺はお父さんやお母さんと酒を飲みながら、子どもの話や、自分達の話に花を咲かせるのが大好きになった。その親睦会は「良志久会」と命名され、今なお交流は続いている。

子どもたちとだけ付き合っていれば、その子どもが理解できて、いい教育が出来るなんてことはあり得ない。子どもたちには、特別な理由がない以上、家族が存在しているわけで、その家族が見えなかったり、家族にこちらが見えなかったりすると、必ず障害が生じるものだ。だから、保護者の方がどういう人なのか、子どもに何を望んで、学校や担任に何を望んでいるのかを出来るだけ知る必要がある。そして同時に、担任教師がどんな人間なのかを理解してもらう必要もあるわけだ。

その場を毎日持つわけにはいかないので、俺は学級通信という媒体を使って、普段会うことの出来ない家族との架け橋にした。学校と家庭を繋げる。これも教師の重要な仕事である。信頼関係が結べれば、こちらが大胆な教育活動を行っても、理解してもらえるし、つまらない気遣いも必要なくなる。親と教師の信頼関係が結ばれていると、子どもの教師の見方も変わってくるし、親と子どもの触れ合いのきっかけにもなる。俺の学級経営の柱は、「クラス全員によるクラス作りと、一人一人の成長」だった。クラス全員とは、子ども、教師、そして保護者だ。ひとつでもかけてしまえば、いいクラスは出来ないし、いい教育活動も生まれない。俺はそれを常に念頭に置き、出来る限りの努力を続けた。

その後、本校初のクラス替えがあり、俺のはじめて持ったクラスはわずか一年で解散した。クラス替えに関しては、生徒たちからの猛烈な反対があったが、二人担任制を導入することが、子どもたちにとって有意義で平等な教育的サービスであるという学年会の理念を貫き、実施された。

次の年からまた新しい子ども達の出会いが俺を待っていた。教師三年目。初めてクラスを持った俺にまた、病魔が襲った。生徒会と担任の仕事を、出来ないなりに全力で取り組んだ結果、爆弾を抱えた俺の体は限界を告げてきた。文化祭の準備で、連日深夜まで生徒たちに付き合っていたある日。

クタクタになって家に戻り、寝る前にトイレに行くと、便器にトマトジュースが流れ出たんだ。「なんじゃこりゃあ！」って、ジーパン刑事の名台詞がごく自然に口からこぼれた。真っ赤な血尿を眺めながら、俺はその場にへたり込んだ。

その夜、四十度を越える高熱が更に俺を苦しめ、朝になっても熱は引かなかったが、文化祭が終わるまで休むわけにはいかなかったんだ。何とか気合で文化祭を乗り切り、次の日に早速病院へ。「死んじゃいますよ。ほっとけば。」病院の先生はそういうと、俺に即日入院を命令した。

またもや俺は病院に逆戻り。担任なのに、しかも一年目なのに、入院だなんて…。情けなくて仕方がなかった。子どもたちにも申し訳ないし、同僚の先生方にも迷惑をかけた。検査結果が出ないまま、高熱が下がらない苦しく、不安な夜を過ごしながらも、俺は病室で学級通信を書き続けた。

その頃学校内では、俺の「癌死亡説」が流れ、子供たちからは、「先生、死じゃうの？死なないでね。元気になって戻ってきてね」なんて書かれた、俺を心配する励ましの手紙が何通も届いた。「本当にそうなのかな。実は本当にそうであって、何か情報が漏れて、噂になったのかなあ。」と、何も知らされていない俺は、内心滅茶苦茶ビビッていた。

一週間後、疲労による腎臓肥大という診断が下され、しばらくの療養が義務付けられたが、大事には至らず、二週間後には退院した。その入院生活の中で、俺の心に、また新たな変化があった。

忙しさのあまりに、ゆっくり本を読むことがなかった俺は、退屈な入院生活のお陰で、沢山の本を読む機会が出来た。そして、衝撃的な本と出会うことになる。その本とは、ある先生が俺に勧めてくれた本で、一度も開いていない本だった。忙しい毎日と、学校という場所にはびこる特有の魔力によって、俺は自分の目標を見失い、どこにでもいるような平凡な教師になりかけていた。

俺の目標は自分の学校を作ることだ。しかし、多忙な毎日は、それを実現させる為の努力が出来る余裕など微塵もない生活だったんだ。とにかく毎日を何とかこなすのが精一杯だった。そんな俺にその本はメガトンパンチを食らわせた。全身の毛穴が開き、血液が血管を破って出てくるような、激しい鼓動が俺を襲った。」

その本の作者は俺と同世代で、わずか一年先に生まれただけの、若者だった。なのに、ものすごくエネルギッシュに、自分らしく生きていて、ごく平凡な人間だったにもかかわらず、何事にも前向きに挑戦し、それを成し遂げ、自伝まで書いてしまった。「負けちゃいられねえ。」今までくすぶっていた俺の石炭釜に、マグマが流し込まれ、激しく燃え始めるのが分かった。

それまで、忘れかけていた自分の目標が蒸気となって噴出し、心はまるで、車掌を無視して突っ走ろうとする機関車みたいに慌てていた。誰だって不可能なことは何もない。成功するか、しないかはそれに挑戦するかしないかの問題であってその右足を前に出せば、必ず望みは叶う。諦めずに進み続ければ、必ずゴールはあるはずだ。そのゴールは進み続ける全ての人間にとって平等に存在する。俺は改めて自分のゴール設定をした。

一番近いゴールは、自分の学校を設立することに定め、一日も早い職場復帰のための努力に力を注いだんだ。気持ちが乗ってくると、体は自然と回復し、更に大きなエネルギーをも蓄える。目標を見つめ直し、明確な道筋が見えた俺は、子どもたちや学校に、大変迷惑をかけたが職場復帰を果たし、更に激しい教育活動を行うと共に、自分の目標に向かって一歩づつだが歩き始めた。その本と出会わなかったら俺は今でも教員を続けていたかもしれない。

きっかけに過ぎないがそのきっかけを与えてくれたその本と著者に今でも感謝している。限界まで走ったら少し休めばいいその休憩は恥ずべきことではない。休むからまた走りはじめるエネルギーが生まれる新しいクラス、三組の奴らも俺にとっては特別な生徒になった。彼らとは、二、三年次と二年間生活を共にし、彼らの進路に関わる大事な時期を、一番身近な大人として任されることになった。二年生にもなると、様々な生活指導上の問題も頻繁に出始める。

問題が発覚すると、登校謹慎という指導が行われる。学校に登校できるが、教室に行くことが出来ず、担任の研究室で一日を過ごす。反省文を書いたり、自主学習をしたりしながら、自分の行いを悔い改める。俺はその指導が苦手だった。普段手を焼いている生徒が問題を起こすと、ここぞとばかりに張り切る先生もいたが、俺は自分の今までを考えると、別段問題ないなと思ってしまう駄目な教師だった。

だから、起こした問題よりも、それをきっかけにして、違うエネルギーの使い方を見つけさせることに重点を置いたんだ。でも、その前に、俺は厳しい一言を必ず生徒にぶつけた。

「もう、保護者の方や行政がお前達の教育を受ける権利の保障を、無条件にしなくてはならない時期は中学卒業で終わってるんだ。高等教育を受けたい、高校に通いたいと心から願う子どもには継続して協力する。しかし、学校にも通わない、ルールは守らない、そんな子どもを保障する必要はないよ。お前たちも通いたくなければ、無理に通う必要はない。俺は誰もが高校に行く必要はないと思っている。タバコが吸いたければ吸えばいい。バイクが乗りたければ乗ればいい。それ自体はそんなに悪いことじゃない。けど、お前たちは高校生だ。高校生ならば、高校生であるためのルールを受け止めなくてはならないんだ。それが出来れば、また明日来いよ。」

子どもたちには、酷な言葉だったかもしれない。でも、俺は本当にそう思っていた。無駄な時間を過ごすよりは、学校を辞めて、自分の力で生きていくほうがずっといいかもしれない。その気があれば、俺は退学を勧めたし、その後の進路についても真剣に相談に乗った。

人の生きる道はひとつでないという事を、学校現場で教えてあげる必要がある。そこに留まることだけが、本人にとっていいことだとは限らない。教師の一方的な意見としては、

「出来れば学校を去って欲しくない。自分のクラスから退学者を出したくない。学校に我慢して通い続ければ、きっと何かいいことが見つかるはずで、卒業した時にそれがわかる。」というのが、率直な意見だと思う。でも、それはあくまで教師の視点に立った考え方であって、子ども達の将来を見据えた意見ではない。それが悪いとは思わないが、俺はそれに違和感を持っていた。

本当に学校に通わないと将来困るのか?本当に学校に通わないと友達は出来ないのか?それ自体に疑問を持っている教師だったから、俺みたいな人間に指導を受ける奴らは面食らっただろうな。しかし、学校に通ってくる子どもたちに対しては、全力で教育活動を行った。その生活に満足している人間に、他の道を強要する必要はない。俺は一教師としての任務も、出来る限り遂行したんだ。

教師の仕事は本当に多く、多くの教師はその忙しさに追われている。これから教師を目指す人々には酷な話かもしれないが、ＴＶドラマで描かれる教師像に憧れて、教師を目指したら、現場に出たとき大目玉を食らうよ。あれはあくまでドラマであって、シナリオ通りに事は進んでいくようになってる。現実は違う。役者ではない生徒たちが、毎日、自分と葛藤しながら、時にはもがき苦しみ、時には腹を抱えて笑い、時には教師に牙を向く。

そこにシナリオなんてない。生の人間の生き様が、真正面からぶつかってくる。「こんなの金八先生のなかでもなかったよ。」なんていうへビーな事が毎日起こる。様々な教師像を描いた、ドラマや漫画がつくられ続け、それに影響される人も少なくないだろう。俺の知っている先生の中にも、ドラマや漫画の世界に陶酔しすぎていて、生徒に引かれている人もいた。

GTOなんて漫画があるらしいけど、あんなことはありえないんだな。勘違いして自分もそうなれるとがんばっちゃう若手の教員がいるんだけど、空回りして大体潰れる。もっとダサいし、もっとシビアだし、もっと人間らしい世界なんだ。ドラマや漫画で描かれる教師の仕事は、表面的なものしかない。それだけだったら本当に楽ちんな仕事だと思う。

担任、教科、学年会、が大きな柱で、そこに校務分掌というもう一つの仕事が入ってくる。生徒指導、教務、生徒会などの係と、体育系、文化系に分かれるクラブの顧問だ。勤務時間中に出来る仕事なんて限られている。実際授業が大半の時間を費やすからね。そのほかの時間には、学年会が入り、職員会が入り、係会が入り、クラブ活動が入る。朝八時から、施錠される午後七時まで、フルに使っても時間は足りないんだ。残った仕事はうちに持ち帰る以外ない。そう考えると、教師の給料なんて、高校生のアルバイトでもらえる賃金以下になる。

安定しているから、給料がいいからと、教師を目指すならやめておいたほうがいい。そんなものでは計れない財産を得ることに幸せを感じ、そのメリットが、仕事量が多くストレスも溜まりやすいというデメリットを上回る人間だけが、本当の意味での教師になれるんだと思う。なかなかそんな教師に出会えないんだけどね。

でも、俺のいた学校の先生の中には、そういった熱い先生が沢山いた。そうでない先生もいたけど…。熱い先生は、生徒だったときにもよく分かり、「この先生は俺達の仲間だ。」とカテゴライズしていた。同僚になるとなぜそう思ったのかがよく分かる。自分の人生をかけて生徒たちと真っ裸で生きている人。自分の為でなく生徒のために全てを犠牲に出来る人。自分を悪者にしてでも生徒の成長に必要な教育活動が出来る人。同僚に対しても優しく学校全体の向上を考えている人。自分の思想信条を貫きいかなる権力にも屈しない人。そして本物の教師とは職業として教師を選んでいるわけでなく教師として生きていくことを選んだ人たちだ。

全ての教師がそうなるなんて事は不可能かもしれない。でも、そうでない人間が子ども達の前に立ち偉そうなことを口走っている事を、野放しにしておいていいはずもない。近年、マスコミの格好の餌食となっている教職員が起こす事件の数々。確かに、それ自体は許されることではないが、学校という場所に宿る、特有の魔物が、平凡な人間を蝕んでいくことも確かで、それは、その現場を経験した人間でしか理解できないものだ。やる気のない教師や、問題を起こした教師だって、最初は大きな志と、希望を胸に教壇に立っていたはずだ。最初からどうでもいいと教師になる人なんていない。俺はそう信じている。

職務内容に対するギャップ、子どもたちとのギャップ、保護者達とギャップ、同僚とのギャップ。全て自分の想像をはるかに超える出来事が、たかだか大学を卒業したばかりの、いたって普通の人間に襲い掛かる。それを整理したり解決しようと努力するが、じっくり考える暇など、教師たちにはない。

最初から「先生」と呼ばれてしまった人間の持つ、浅はかなプライドが邪魔して、子どもたちや、保護者、更には同僚たちにだって愚痴一つこぼせない。知らないうちに、志が薄れ、希望が崩壊し、日々の職務をこなすのがやっとになる。そこに、子どもたちとのトラブルが生じるなんて事があれば、ギリギリの精神状態に追い込まれるのは必至だ。それが、学校に魔物がすんでいる理由だ。

実際この俺も、知らず知らずのうちに、「こうはなりたくない教師」になりつつあった時もある。何でこんなことに目くじら立ててるんだ?何でここで怒らねばならないんだ?そう気づき始めるうちはいいんだけど、それに気づかなくなると、後戻りが出来ない教師が出来上がる。

俺は、子ども達のリアクションを大切に考えていた。こちらの機嫌が悪いと、生徒たちも悪くなる。こちらが張り切ると、生徒たちも張り切る。こちらが疲れていると、子どもたちも疲れている。教師と生徒は常に表裏一体。鏡のごとく素直に映し出されるものだ。授業が上手くいっていないと、自分の声の張りや、準備に不足があったのではないかと反省し、学級経営が躓けば、自分のエネルギーが足りないんだと気合を入れなおした。また、俺には生徒時代からのすばらしい恩師たちが、そのまま同僚になっていた。

どんなことでも相談できたし、怒られることにもなれていた。そして何よりも、こんな駄目教師を励まし、支え、褒めてくれる先生方がいた。その素晴らしい先生方のお陰で、俺は自分を見失わずに、最後まで自分を貫く教師でいられた。

「先生らしく」なんてなりたくなかった。
「教師の威厳」なんて糞食らえだった。
ただあいつらの傍にいる身近な大人でよかった。

12 冒険のはじまり

偉そうな事を書いてきたが、俺は決して立派な教師ではなかった。それは俺の生徒たちが一番よく分かっているはずだ。いつも生徒に心配されている教師だった。教師が頼りないから生徒はしっかりしてくる。何でもかんでも大人がやってあげる必要はないんだよな。頼るものがなくなると、人は必然的に自分で何とかしようとするもんだ。ちょっと言い訳っぽいけど。

いつまでも大人になりきれない俺に、一番手を焼いたのは学校の首脳部だったかもしれない。俺を拾ってくれた校長先生には本当にご迷惑をおかけした。公立と違って、私学は慣例として採用の公募は行わない。ある程度理事会とのコネクションがないと採用は不可能だ。断言は出来ないけど。俺の場合もそうだった。俺みたいな人間を採用するに当たっては相当議論が交わされたようだ。俺はコネクションもなかったし、両親が教員でもない。唯一あったのはこの学校の卒業生ということだけだった。

俺の採用を反対する意見も多数出たようだ。しかし、校長先生は俺を押してくれた。俺を拾ってくれた。辞令式の後、校長先生は俺にこんな事を言った。「これはお前の力だけじゃないんだ。沢山の人々の支援があって実現したものだぞ。そして、アリちゃんとの約束を守ったただけだ。後はお前ががんばるだけだぞ。お前の好きな事を思う存分やれ。責任は俺が取ってやる。」あの人の事を思い出した。

死してもなお俺の担任であり続けるあの人に感謝しても仕切れなかった。そして、俺のような人間にかけてくれた校長先生のためにも全力でがんばる事を誓ったんだ。高校では、不登校になると自動的に留年、退学になるのが通例だ。それに対するフォローをする制度なんて存在しない。

しかし、現実問題として不登校の生徒は増え、行き場をなくした子どもたちは、街中でたむろするか、部屋に篭る以外なくなる。教育現場として、そういう子どもたちを支援する場所がないというのはおかしい。ましてや私学としての特性を出していくならば、そういう子どもたちが安心して通える学校を目指すべきで、そういう機関を持つ必要がある。

俺は高校に相談室を設置しそこに常駐する職員を採用して欲しいという企画書を作り、校長に嘆願した。校長は「そうか。そこまで言うならつくってやる。職員も一人増やす。しかし、それをやる条件としては、その常駐職員はお前がやれ。いいな。」とあっけなく承諾してくれた。俺のお願いを全て引き受けてくれる懐の広い人だった。

俺はその年、三年の担任であり、生徒会の顧問も三年目。これ以上仕事を引き受けることなんて到底出来なかったが、自分で言い始めたことだし、こんな幸運を捨てるわけにもいかないと、気合を入れて引き受けることにした。教員時代最後の年に、俺は相談室のカウンセラーとして、心に病を抱える子どもたちとも向かい合うことになった。常に俺の研究室兼相談室には、教室にいけない子どもが溢れ、そういう子どもたちと共に、クラスの子どもや生徒会の子どもたちがひっきりなしに出入りする不思議な場所になっていた。

こういう場所を子どもたちは望んでいる。俺が目標にしている学校の必然性を再確認した、貴重な体験だった。それと同時に自分の独立への決断の時が刻一刻と迫っているのを感じていたんだ。この学校を捨てることが出来るのか。この職業を捨てることが出来るのか。

俺は今までにないほどの深い葛藤を強いられていたんだ。そんな多忙な毎日が続いた教員最終年。俺はよく呼び出しを受ける教師だった。校長が変わり、新しい校長は過剰なほどに俺を心配した。心配したのか気に入らなかったのかは分からないけど。

「ピンポンパンポーン。長岡先生。大至急校長室へ来てください。」

なんていう放送がよく流れてた。やれやれ今度は何だ？と憂鬱な気持ちで廊下を歩いていると、生徒たちが指をさして「長T！また呼び出し？がんばってねー。」なんて冷やかされた。嫌々校長室に入る。もう五年も教員やっている俺に「教師の一日」という新任教員向けの本を渡して、「これ読んで勉強し直しなさい。」なんていうんだ。「新人教師は始業時間の二時間前に登校し、教室、職員室、校長室前の廊下を掃除し…。」なんて書かれてる本だよ。読んでられないよ。「勉強になりました。」って読まずに返したけどね。服装もめちゃくちゃだったから、そのことでもよく怒られてた。

「何だその格好は。教師たるものネクタイと背広を着て教壇に上がるもんだ。ジーパンやTシャツで来る奴があるか。それにその髪型もいかん。頭の上から足の先までチンピラだな。」なんていわれても、「ハイハイッ。」て聞き流してた。スーツで授業なんてやってられるか。こちとら授業中、教室中を走り回るんだ。チョークの粉だって尋常じゃない。スーツで授業をするメリットなんてどこにもない。あるとすれば、「先生らしい」というくだらない定石ぐらいなもんだ。

毎日同じ背広で来る教師の方がずっと不潔だし、アクティブでないことを証明しているようなもんだ。授業は格闘技だ。動きやすい格好でやることがベストだと俺は思う。最後の最後までその校長とは折が合わなかった。俺が二月末になって辞表を出したときも、すごく嬉しそうだったもんな。引止めの言葉は何もなかったし。まあ、俺みたいな部下がいれば誰だってそうなると思うから、あの校長には同情する。

とにかく、最後の最後まで俺は教師らしい教師じゃなかった。お世話になるだけなって、その学校を辞めた。こんな俺でも「辞めるな」と引き止めてくれた同僚の人たちには、謝っても謝りきれない裏切り行為だったと思う。教師を辞めたことに後悔はないけど、心残りがあるとすれば、あの素晴らしい同僚の人たちと仕事が出来なくなることと、そして愛すべきあの学校に行けなくなることだった。辞めるといっても簡単に辞めれたわけじゃない。

自分で決めていた五年という時間の終わりが近づけば近づくほど、心は揺れた。教師という仕事が大好きだったしとにかく自分の学校を愛していた。子どもたちにも同僚にも恵まれ、それなりの仕事を任せられるようになっていた俺は、これ以上ここにいたら絶対に辞めれなくなると思っていたんだ。

何か自分の中で不満材料が少しでもあれば、それを理由に辞めることも出来たんだけど、そんなものはどこを探しても見つからない。だって、俺が教師をやれていること自体すごく幸せなことだったし、奇跡的なことだったから。

あの人のいなくなった学校を、俺が守っていくつもりもあった。俺を拾ってくれた最高の校長のためにも、この学校を更に良い学校にしていこうという責任感もあった。俺みたいな駄目教師をかわいがってくれた同僚の仲間の先生たちとも、ずっと仕事がしたいと思っていた。それは本当なんだ。

でも、今まで自分が決めた事を実現しないと気がすまなかった俺にとって、あの日、目標にしたことが、俺を誘い続ける。俺を呼び続ける。それを無視したとき。今までの自分もこれからの自分も全部嘘になってしまうような気がしてならなかった。相談室に来る子どもたちとの関わりの中で、世間から阻害され、ある意味虐待を受ける人たちをますますほっとけなくなった。相談室に来る子どものほとんどが自殺願望を持っていた。

「自分なんて生まれてこなければよかった。」「自分がいなくなれば親も苦労しなくて済む。」泣きながら自分の存在を否定する子どもたちを見て堪らなくなった。俺が教師をやっている間に誰かが、そういう人たちを支援する施設をつくってくれたら、フリースクールが市民権を得て誰もが気軽に通えるものになっていたら、俺は教師を続けていてもいいなって思ってた。でも、何もかわらなかった。日々増え続ける学校に行けない、行かない子ども達の数。百三十万人の子どもたちが行き場を失っている現実。誰もやらないのであれば、気づいた俺がやる以外ない。

そう。俺はもう誰も殺したくなかったんだ。誰にも死んで欲しくなかった。しなくてもいい経験からくるその気持ちだけが、俺の冒険への出発を後押ししてた。こんな俺でも、未知の世界に踏み込む不安が無いわけじゃなかった。というより、人一倍あったのかもしれない。「失敗したらどうするんだ？せっかく教師になれたのに辞めちゃっていいのか？どうやって生活していくんだ？親や親族は何って思う？世間はどう思う？」誰もが考えそうな事を、何度も自分に問うてみたこともある。

どんな問いに対しても、最終的には「何とかなるさ！」と答える自分がいた。何の根拠もなかったけど、不思議と自信があったんだ。独立してもやっていけるという自信が俺にはあったんだ。でも、じゃあ何で他の人は自分の人生のために安定を捨てれないんだ？という疑問にぶち当たった。誰もが夢を持っていたはずだ。それを諦める原因はなんだったんだろうって考え始めたんだ。

俺も親から自立して暮らしていたし、一応社会人としても経験もあったから、そこをリアルにしていけば、はっきりしてくると思った。行き着くところはやっぱり安定だった。つまりお金や物欲。その欲求を満たす為に、みんなある程度妥協して生きている。

食べていくなんてことは、今の日本では何とかなると思った。学生時代から続く貧乏性のお陰で俺は最低限の食事で満足できる生活をしていたし、いざとなったら、自分で農業でもやればいいと思ってた。それじゃ、他にみんなが縛られているものは。物欲の象徴、車や家だ。大半の家庭が月々に支払うローンの多くは、車や住宅のはずだ。どんなに貧乏してでも車だけは持っているし、家を買うために、涙ぐましい節約をしている主婦たちがいる。ならば、両方手に入れてみようと思った。

早速自分の欲しかった車、ベンツのワゴンとMG—Bという赤いオープンカーを購入し、家も契約した。「あの家、宝くじでも当たったんじゃないの？」なんていう近所からの声が聞こえてきそうなほど、俺は一度に全ての物欲を満たした。二十代で自分の家を建てるという目標もあったから、自分の家が建ったときは本当にうれしかったし、ひとつの目標がまた達成された満足感でいっぱいだった。

物欲を満たしたと共に、二十七歳の俺にとてつもない借金も出来た。借金を払い続けるのは、安定した収入が必要である。誰もがそれに縛られてがんじがらめになる。辛い仕事や、嫌な仕事でも続けていかねばならない。世間大半がそうなんじゃないかな。

そこまで自分を追い込んでみなければ、俺は自分の本気さが分からなかった。借金と自分の夢を天秤にかけたんだ。普通やらない賭けだけど。それをやっちゃう俺を誰もが変人扱いする。「どうする。どうやってこの借金を返すんだ。教師続けていれば何とかなる。辞めれば…。」確かに眠れないほど悩んだ。「夢なんて捨てちまおう。」ってへたれ丸出しの時だってあった。それでも、俺は自分の使命を、自分の夢を捨てれなかった。それだけの借金を抱えても、自分に嘘をついて生きていくよりはましだって思った。

俺は俺の力で生きていく。俺が生き続けられた理由として、一人でも苦しんでいる人を救いたい。自分らしく生きるために自分自身で自由を手に入れる。そう決めた俺は、その夜辞表を書いた。もう二月も中旬だった。反対されるのが分かっていたから、間際まで誰にも言わなかった。同僚のみんなに告白したのは辞表を出した後だった。誰もが猛烈に反対し、誰もが怒りをぶつけてきた。当然だ。謝っても謝りきれるものではなかった。あの人たちから見ればは俺は裏切り者だ。胸が締め付けられた。両親もはじめて反対した。今まで俺の決定には一度も反対しなかった両親が泣きながら止めた。六十歳を越えた優しい両親を泣かしている自分を責めた。

親不孝ものだ。大学まで出してもらいながら、教師を辞める馬鹿息子。本当に申し訳ないと今でも思っている。自分の仲間たちにも告白した。誰一人賛成してくれる奴はいなかった。一番古い悪友ジュンは、特に猛烈に反対した。彼は自分で会社を経営している。パソコン一台から社員六人を抱える会社にまでにした男だ。そこまで来るのに、彼は人並み以上に努力してきたし、地を這いつくばるような苦労もしてきた。俺もそれを見てきていたから、彼の反対の理由は説得力があったが、彼の存在が俺の独立への勇気になっていたことも確かだった。誰も賛成してくれない冒険への出発。

不安よりもワクワク感の方が上回ったままのハイテンションで、俺は教師生活にピリオドを打った。俺は自分の生徒たちを卒業させ、自分も二度目の卒業をした。卒業式は感動的なものだった。恥ずかしい話だけど、生徒の前で泣いてしまったしね。あの体験をするから、教師はみんなどんなに大変でも教師という職業を続けていこうと思うんだな。

心の中にたくさんの宝ものをしまいこんで、
新たな冒険への出発をしたんだ。

P
LOADING ZONE
ONLY

13 それからのはなし

学校を辞めてから、一年間は何もしないでおこうというのが当初の計画だった。一年かけて、ボロボロになっていた自分の体を再生し、健康体を手に入れることに専念すると共に人間的に一回り大きくなる為の充電期間にした。

のほほんと好きなことだけやってきたと思っていた俺でも、それなりにストレスを感じてたようで、教師という仕事から解放された安堵感からか、退職一ヶ月で十キロも太ってしまった。パンパンだったね。その頃、丁度結婚したから、結婚式の写真は見れたもんじゃない。

式の後、彼女を連れて、しばらくヨーロッパを周った。イギリス、フランス、イタリアへの旅。最高の時間だった。日本人がまだ竪穴式住居に住んでいた頃、あの国では銀のフォークとナイフで食事してたんだ。そう思うと日本の文化なんてまだまだ発展途上なんだなって肌で感じた。

とにかく、生きる事を楽しんでいる人々を目の当たりにした旅だったな。休日は本当に休日で、どこもやってない。みんなで休むときにはみんなで休む。そういう事を徹底している社会に感動した。買い物ができなくて困ったりもしたけど、それは日本人的感覚なんだよな。

俺の二十八歳の誕生日はイタリアで迎えることになったんだけど、その日がイタリア独立記念日で、本当にどこもかしこもやってなくて、食事する場所さえ探すのに苦労した。平日も、月曜日は午後からだし、そのほかの日も終了は五時。

でも、四時ごろになるとさっさと店を閉めてしまう。一人の店のおじさんに聞いたんだ。こんなに早く帰ってどうするんだって。「うちに帰るのさ。うちには家族が待ってる。日が暮れるまで子どもたちと遊んで、妻の作る夕飯をみんなで食べる。その後、映画を見に行ったり、美術館に行ったり。とにかく仕事の後の生活のほうが重要なんだよ。」早口でよく聞き取れなかったけど、そんな事を笑いながら話した。

何の為に仕事をするのか。金の為、仕事の為に仕事をしているような日本人とは違う。家族との幸せな時間のために、少しだけ仕事をする。百年前に、今の日本と同じ生産主義の時代を経験し、失敗も成功も知ったうえで、今の社会を作り上げたヨーロッパの人々の生活スタイルに、俺は深く感動し、日本も見習わなくてはならないなって思ったんだ。今の日本人より、経済的豊かさはないかもしれないけど、日本人にはかなわない精神的、人間的豊かさを持っている人々に、歴史的格差を感じざるを得なかった。

ヨーロッパは、環境、福祉教育に関して、日本の何倍も先に行っている理由がそこに見えた。

帰国してからも、俺は相変わらず何もしなかった。朝起きて食事を摂ると、自分で作ったウッドデッキにある、ベトナムで購入したお気に入りのハンモックに横になって、好きな本をめくる。腹が減ったら昼飯を食べ、またハンモックに戻る。本に飽きたら、つなぎを着て、のこぎりとかなづちを持ち出し、家の周りのフェンスを作ったり、ガレージを作ったりと大工作業に汗を流す。

夕飯を作りながら、彼女の帰りを待ち、一緒に食事をとりながら、今日あったことを話す。そんな俺に対し、彼女は不満を漏らさなかったし、俺も焦りや後ろめたさは微塵にも感じていなかった。最高な時間だった。何をしていたか説明できるようなことはしていなかったけど、俺にとってあの時間は人生の中でとても重要な位置を占める時間だったに違いない。

俺が何もしない生活を続けた理由の一つに、「何もしない青年の心理」を探りたいという、自らを実験材料にする試みがあった。教員時代、不登校の子どもたちと関わってきた経験から、子どもたちは、大人の関わり方次第で容易に立ち直ることが出来るし、前に進むことが出来ることが感覚的に分かってきていた。容易と述べたのは、大人に比べてというニュアンスでだ。決して簡単ではないが、大人に比べれば楽勝だと俺は思うんだ。そういう子どもそして大人たちにも、俺が役にたつならば、出来るだけ関わっていきたい。そのためには、仕事もせず、生きる希望も持てず、家に引きこもる人々と同じ環境を経験しなくては、心境を理解することは出来ないと考えた。

俺が教師だったことは、地域の人たちには随分知られていた。「長岡さんの息子、先生やってるんだってな。」そう言われて喜んでいた両親の顔を思い出すと今でも心が痛い。突然教師を辞めたことで、地域の人々の反応も様変わりした。「え？何で辞めたんだ？」「なんか問題起こしたんだろ。」「先生は大変な職業だからな。嫌になるのも分かるよ。」そうダイレクトに言ってくれるほうはまだましで、そのことには触れない態度が非常に堪える。ボディーに効くってやつだ。

それでも俺は、地域の会合や集まりに積極的に顔を出した。「先生辞めて、何もしてないらしいよ。」「奥さんに食わせてもらってるらしい」「問題起こして首になったんだって。仕事も出来ないぐらい病んでるんだって。」様々な噂が飛び交う。世間体を気にしない俺でさえ、人前に出るのが嫌になるのが分かる。それほど、学齢期を過ぎた人間が何もしないという状況に対しての人々の視線は厳しいんだ。

俺は志があって、自分で覚悟しているから、気にすることなく生活できたが、そうでない人々は、部屋に篭る以外ない。そういう人間が求めているものが少し分かった気がした。仕事もない俺が、どうやって生きてきたのか。よくこの質問をされる。教師時代の蓄えは、家の建設と、予想以上に掛かってしまった結婚式の費用によってほぼなくなってしまっていた。当初の予定では、一年間は何もしなくてもいいように、計算されて、できもしない貯金をしてたんだけど、もともと数字に弱い俺。計画どうりに行くはずもない。彼女も仕事をしていたが、彼女の収入で生活できるわけもなかった。強引に一戸建て新築を建てちまったからね。

無職生活十ヶ月を過ぎた頃、俺の銀行口座のお金が底をついた。失業保険も同時に終わった。通帳にゼロという数字が刻印された。まずい。非常にまずい。その通帳を見せながら、彼女に相談した。「予定が狂ったよ。俺も働かないといけなくなった。いまさら就職するわけにもいかないし、アルバイトもどうかと思うんだ。店でも開こうと思うんだけど。どう思う？」

俺は独立を目標に教師を辞めた。なのにまたどこかで働くなんてことは自分の中で許されないことだった。以前、高校の同級生だった親友リョージとレストランバーを自分達の手で作ったことがあった俺は、飲食店経営にそれなりのノウハウや自信を持っていたんだ。「自分がいいと思えば、やれば。」彼女の答えはいつもシンプルで、スピーディーだ。そして俺に勇気を与えてくれる。ＯＫをもらった俺は、その日のうちに不動産屋を回り、その場で物件を決めた。その日のうちに契約を結び、次の日から店舗工事に入ったんだ。

思いついたらＧＯ！「いつか…。」や、「もう少し落ち着いたら…。」なんて言葉は俺の辞書にはない。自分の店を持つことは本当に大変だと思っている人が世の中には多いと思うが、俺はそれを全否定する。楽勝だ。その人間に自分の店が欲しいという熱い思いがあれば誰にだって店は開ける。資金もそんなに要らない。頭を使えば、ランニングコストを最小限に抑えることだって余裕なんだ。

そのかわり、その勉強はめちゃくちゃちゃする必要があるけどね。その労力が苦労だと思う人は、多額の借金をして、返済に追われる店を経営すればいい。もし、自分の店が欲しいという希望がある人がいれば、俺はいくらでも協力するよ。店を開業するのは楽勝といったけど、開業するだけならという意味だ。大事なのは、それからの経営のほうだから。そこまでは責任もてないけどね。

朝九時から店に入り、漆喰を壁に塗ったり、壁を作ったり、水道を引いたり、電気の配線をしたりと、もくもくと作業するんだ。季節は十二月。小さなストーブひとつの店内は冷え冷えだった。大工のマーちゃん、電気工のミツギ、コンピューター会社社長のジュン、短大生のヨーコ、そのほかにも沢山の仲間たちが手伝いに来てくれた。仲間は本当に頼りになる。

みんなで作るみんなの店。俺はだんだん完成していく店の将来を想像しながらニヤニヤしてた。どうしても年内に開店したかったから、保健所への営業申請の最終期日まで、店舗を借りてから、完成までに二週間しかなかったんだ。ある意味神がかり的な作業進行が必要だった。とにかく作業し続けるしかない。ラジオが告げる時報が「三時です」「四時です」「五時です」と続くまで、俺は一人で黙々と作業し続けた。うちには寝に帰るだけで、四時間後にはもう店に戻った。

そんな鉄人的な毎日を送っていたにもかかわらず、どう考えても申請期日に間に合いそうもなかった。身も心もクタクタだった俺に、一人の助っ人が現れた。生徒のケンジである。

教師時代、文化祭のクラス企画をステージダンスに決めたケンジ達のクラスは、俺に講師を依頼してきた。ダンスの振り付けにも慣れていた俺は、その依頼を引き受け、夏休み中ケンジたちのクラスと練習に明け暮れた。担任でもなかったし、授業も教えたこともないクラスだったにもかかわらず、そのクラスの生徒たちは異常なほど俺に懐いてくれた。そういう意味では、俺にとっては特別な生徒たちだったわけだ。

彼らが卒業してからも、交流は続いていたが、頻繁に連絡を取っていたわけではなかった。俺が結婚することも告げていなかったので、結婚した後にそれを知った彼らに大ブーイングを受けたことは言うまでも無い。どこから聞きつけたか知らないが、俺が店をつくっているという情報を得たケンジが突然手伝いにくるようになった。ケンジは当時、自分の好きな靴屋に就職し、さらに某有名ファーストフードで深夜までアルバイトをしていた。

「先生の手伝いがしたいんだよね。俺もいつか店を持ちたいし。」そういって、手伝うケンジが、俺に新しいパワーをくれた。更にパワフルだったのはケンジだったけど。それからというもの、ケンジは仕事の合間を見ては毎日顔を出した。「無理しなくていいよ。」という俺を制して「余裕っス。」というのが口癖だった。ケンジは店から四十キロ離れたところから一時間かけて通ってきた。

夕方六時まで靴屋の仕事をして、それから店に顔を出し、漆喰で真っ白になりながら、十時なると、アルバイト先に一時間かけて戻る。夜中の二時にアルバイトが終わると、また一時間かけて店まで戻ってくる。そんな生活をケンジは一週間、一日も欠かすことなく続けてくれた。

申請期日、当日の朝五時。俺たちは完成した店舗の床を二人で雑巾がけをしながら、大きな仕事をやり遂げた充実感を共有してた。「完成だケンジ！明日からここが俺達の店だ！」業者介入ゼロ。一から十まで素人が手がけた手作りの店が完成した俺の飲食部門の師匠。レノンオーナー「小出宏」氏の適格なアドバイスと、ご協力のお陰もあり、無事開業許可が下りたんだ。（師匠ありがとうございました！）

店の屋号は「バール・ハイド」。ハイドとは、俺の名前をもじったのと、英語の「ＨＩＤ」からとって命名したんだ。ＨＩＤには、隠れ家や隠れた才能という意味がある。みんなの隠れ家的飲み屋であり、隠れた才能を世間に発信していける場所になればいいなって思いが込められている。

開店当日。店の金庫には七百二十五円しかなかった。それが俺の全財産だった。こんな状態で開店する人なんていないだろうな。金はなかったけど、仕入れた酒はある。何とかなるかなって、また計画性のない勢いだけの自信でオープンしたんだ。ありがたいことに、郊外にある駐車場もない小さな店にも関わらず、連日沢山のお客さんが押し寄せた。開店してもうじき二年になるが、このご時世、こんな店が潰れずに営業してこれたのはハイドに集まる、素敵なお客さん達のお陰だと思っている。

常連客のシンちゃんは、おつりもままならない店のために、五万円も先行投資してくれた。彼の協力がなかったら、ハイドは存在していなかったかもしれない。シンちゃんをはじめ、毎日通うマシコちゃん、大学の出席率より店への出席率のほうがいい大学生のヨリトモ、理想の夫婦、ミヤイリさん夫妻、ハイドで出会い、結婚したハイドカップル第一号のタカボン、エイコ夫妻、謎の多い女ヒロエちゃん、炎のプータロー、タカシ&ヒロシ、デパガを辞めて夢を追いかけるユミ、寡黙な酒豪テル。他にも挙げればきりがないほどの仲間とも言えるお客さんたちに支えられて、現在もハイドは景気に左右されずマイペースで生き続けている。

1年前からケンジが会社を辞めて、うちに就職した事を期に、何かにとらわれない自分達の好きな事を多方面で企画実践していけるチームとして、ＨＩＤ企画を立ち上げた。店舗デザイン、施工、広告制作、イベント企画など、思いついた事を全て仕事にしてしまうような毎日を送っている。

全然お金に結びつかないんだけど。バールハイドはＨＩＤ企画飲食部門。店長はケンジ。俺たちは昼間も仕事があるから、当然睡眠時間が少ない。毎晩二時、三時までお客さんがいる俺達の店では、仕方がないことなんだ。俺もケンジも平均三時間の睡眠時間でここまで乗り越えてきた。

俺たちの目標を達成する為に俺たちはどんな苦労も分かち合っていく事を誓い合ったから。次のステージの準備として、カウンセリングの仕事も少しづつやり始めることになった。教員最後の年に相談室を担当したノウハウを使って、俺なりのカウンセリングを試みたんだ。「スコーラ・ハイド」と名づけたライフサポートルームには不思議なことに、何の宣伝もしていないのにも関わらず、依頼の電話がじゃんじゃん鳴った。「うちの子ども、学校に行ってないんですが、相談にのってもらえますか？」とダイレクトに来る人もいれば、学校や、前の職場の先生から紹介されて来る人もいる。

どうやって俺の事を知りえたのか不明な依頼者もいて不思議だったけど、この仕事への需要があることが明らかになったんだ。苦しんでいる人がいる。それでも誰にも相談できないでいる。病院にも行けない。行けばそういう自分を認めることになって更に症状は悪化する。今の日本では、心療内科やメンタルクリニックに行くことが普遍的じゃない。そこに通うことによって差別が生まれることだってある。子どもたちにはそれをケアする人や場所が少ないがないわけではない。しかし、そうでない人々が救いを求められる場所なんてない。

俺が出来ることはカウンセラーなどの肩書きを持たない、普通の人間として、苦しんでいる人々の話を聞く立場をとることだった。医療行為が出来るわけでもない。特別に専門的知識を持っているわけでもない。申請すれば、カウンセラーの資格は取れるだけの単位を取得してるんだけど、俺はそれが邪魔になると判断した。俺がそういう立場であると言うだけで、クライアントは抵抗を持ってしまう。そんな肩書きがなくとも、その人間を信じ、認めてあげ、励ましてあげることが出来る第三者が必要なんだ。

俺の考えは的中し、病院にさじを投げられた重度のクライアントばかりが集まるようになった。あくまで俺の自論だけど、心療内科や精神科で行われる主な治療としての薬物投与には疑問を感じている。俺のところに訪れるクライアントのほとんどが、薬物投与を受けていた。向精神剤や、安定剤、睡眠薬などを大量に服用しているクライアントとはまともに会話を交わすことさえ困難だ。自分の意思とは関係なく精神が浮かんだり沈んだりする。自分で何とかしようと思っても、薬による副作用で、自分自身の心の舵取りが出来ない状態にある。

俺が請け負う第一条件として、薬の投与を可能な限りやめてもらっている。俺は医者じゃないので、そこから引き起こされる問題に対しては責任が取れない。だから、ご両親にこちらの考えを深く理解していただき、それでも俺に預けても構わないという承諾が必要になる。

ご両親と俺と意見が相違した時点で、子どもに俺の話しをしていただき、あくまで子どもの自主性を尊重した上で、初めて子どもに会うことになる。今の状況ではそれが限界だ。別段宣伝をしているわけではないが、口コミで噂を聞きつけた人の依頼が後を絶たない。現在十八名の登録があるが、それでも俺一人ではキャパシィティーオーバーな人数だ。

申し訳ないが、新規のクライアントは断らざるを得ない。それでも、幸運なことに、俺のスコーラに訪れた人々は、少しづつだけど症状が改善していて、学校に戻ったり、新しい大学、専門学校に進学したり、職場復帰を果たす人たちも出てきている。俺は特別なことは何ひとつしていない。その人の思いをゆっくり聞いてあげることその人の思いを受け入れ、認めてあげること。そして、その人の中にある生きる希望を一緒に見つけてあげることだけだ。そんな簡単なことを日常生活のなかで行うことが困難な世の中。そんな世の中だからこそ、その人間の身近な人間ではない第三者、何の肩書きもない人間が必要なんだと思うんだ。

でも、この仕事は誰にでも出来ることではない。命がけで取り組める強い意思を持ち得ていないと到底出来る仕事ではない。クライアントのプライベートを守る観点では、あまり詳しくは書けないが、この仕事の大変さを少し綴ってみようと思う。

始めた当初は、夜も寝れない日が続いた。ほとんどのクライアントが、心身症を抱え、薬物投与を長期間受け、さらにリストカットや自殺未遂などの自傷障害を持っている。手首を切るなんてことは、食事をとるより容易に行われる。リストカットが行われると、夜中だろうが両親から電話が来たり、本人からメールが来る。命をつなぐ為に、朝まで相手をすることもしばしばだった。俺自身も疲れているから、充分なサポートができない時だってある。そんなときは余計に不安が募って眠れない。心無い一言や、ちょっとした言葉遣いのミスで、そのこの命が絶たれてしまうというプレッシャーに押しつぶされそうな時もあった。生きる希望を失い、自分自身を否定し続けるクライアント達の話を聞いていれば、自分自身の気持ちも落ちていくことは必至だ。そんな自分の精神状態をコントロールできない人間には到底この仕事は勤まらないし、悲惨な状況を巻き起こす危険性もある。

今のところスコーラのクライアントで、最悪の事態に陥った人はいないので、俺も何とかやってこれたが、一人でも命を落とすようなことがあれば、続けいけるかは分からない。常に不安との背中合わせ。そんな折、教師時代に相談室に来ていた生徒の死を耳にした。また俺は一人の人間を救うことが出来なかった。俺が辞めてしまった為に、あの子の行き場所を無くしてしまったのかもしれない。

自分には何も出来ないのではないか。自分のしていることや、やろうとしていることは何の意味もないんじゃないかという自暴自棄に襲われたときもあったが、ここで俺が辞めてしまったら、更に尊い命が失われていく可能性が上がる。俺のやれることは微々たることかもしれないが、それによって間違いなく生き続けている人々がいることも確かだ。俺は自分の気持ちを奮い立たせて、自分の信じていること、進み始めている道を追及して行く事に対し腹を固めたんだ。

今は、クライアントの自宅に訪問してのカウンセリングが主だが、その形態では限界がある。もうこの状態を続けていくことは不可能だ。だとしたら、本格始動する以外ない。俺が描き続けた夢が、現実となる日が近づいている。不思議なもので、地道な活動を続けていた俺に、様々な人々のアポイントが来るようになった。講演依頼や、講師、分科会でのレポート発表など、俺が積み上げてきた小さな実践を、表に出せる機会が増えてきた。こんな若造が、たった一人でそんな事をやっていることに共感した人々が、様々な形で支援してくれるようになった。

ある市会議員の方は、こちらが頼んでもいないのに、俺がつくろうとしている学校に適応される助成金制度を積極的に探してくれ、大量の資料を渡してくれた。こんな男の事を頭の片隅においてくれて、動いてくださったことに感謝感激だった。政治家も捨てたもんじゃない。志を高く持った、熱い政治家もいるんだということを知った。

様々な人々のリアクションが多ければ多いほど、俺の選択した道は間違っていなかったという自信につながっていくものだ。俺は今、最高の時間を過ごしている。とにかく思ったことは口に出して、人々に広め、自分にプレッシャーをかけて、意地でも実現してきた俺にとって、この学校設立は今までの俺を表現する集大成だ。

お金があるわけじゃない。地位や権力があるわけじゃない。立派な実績があるわけでもなく、コネクションがあるわけでもない。極々平々凡々な人間が、学校をつくっちゃった。それが現実になれば、この世の中、叶わないことなんてないんじゃないかっていうモデルになるんじゃないか。

俺は自分の人生に不満を持っている、不完全燃焼の人々に生き証人として熱いメッセージを発信し続ける人間でありたい。人々が自分の可能性を信じ誰に強制されることもなく自由に人生を選択し自分の好きな道で生きていくことが出来る社会。誰もがそんな勇気を持てるような誰もが冒険できるエネルギーを出せるようなハッピーでエキサイティングな人生を送れるための新風を巻き起こす発信基地として俺の学校が出来たら最高だなあ。

奇跡は、

自分で起こすものだから。

cafe

エピローグ

エピローグ

この本が生まれたのは今から三年ほど昔の話になる。

「自分の学校をつくるぞ！」と息巻いていた俺に世の中は、とても冷たい視線と言葉を次々と投げつけてきた。「おれは、こんな学校をつくりたいんです。」と熱弁しても、「へーそうなんだ。立派な考えだね。」と、簡単に流される。「いいよね、夢を語っていられる時期って。」と嘲笑われ、「口で言うのは簡単だよな。でも現実はね。」と、疑われ「今の時代に坂本竜馬なんていらないんだよ。」と、馬鹿にされ続けた。

教師を辞めて自分の手で作った店でシェーカーを振る俺に、「教師を辞めて水商売か。馬鹿だねあんた。」と、酔っ払いは絡み、「こんなことをさせるために、お前を辞めさせたんじゃない！」と、尊敬する元同僚の先生に胸倉をつかまれた。

誰にも理解されない自分の言動にある意味嫌気がさしたこともあった。「オレハアタマガオカシイノカ…。」と自分を疑った事だってないわけじゃない。それでも俺は自分の「志」を捨てることはなかった。根拠はないが「これは正しい道だ、これは正しい選択だ。」という言葉が、俺の中に常に存在していた。

どうしたら人々に分かってもらえるだろうか。どうしたら今の自分を理解してもらえるだろうか。どうしたら仲間ができるだろうか。どうしたら信用してもらえるだろうか。そう悩んでいる俺に、俺の志を信じ、人生を預けてくれた元生徒「ケンジ」がとんでもない提案をした。

「センセ。本出さないんですか？センセの考え広めるには本しかねえっす。」何を馬鹿なことを言ってるんだと思ったがケンジの本気なのか、冗談なのか分からない熱弁に、次第に俺の心は動き始めた。「でもよ、たった三十年しか生きていない俺みたいな平凡な奴の自伝なんて売れねえよ。」そう打ち消そうとすると「平凡じゃねえっス。異常です。どう考えても普通じゃねえっス。」ケンジは楽しそうにそう答えた。少し腹が立ったけど、その言葉でなんだかいけそうな気になったのも確か。「俺、必死で売りますから。センセ本書いてくれるなら、俺マジで売りますから。」いつになく真剣なケンジの言葉に、俺の心は完全に動き始めた。

一ヶ月。書斎に篭って自分の半生を思い返し、魂込めてキーボードを叩いた。一度も読み返すことはなかったしほとんど手直しすることもなく生まれたのが「ダッセン」だった。

この本の誕生によって全てが動き出した。俺の心もそして、世の中の人々の心もあれから三年。またたく間に過ぎ去った月日だったけど、俺はたくさんのものを失った。同時にたくさんのものを手に入れた。

思い描いた青写真は次々と実現していった。ある意味面白いくらい次々とだ。素敵な仲間達を手に入れ自分の学校を手に入れ素敵な生徒達を手に入れた。金はないけど俺は日本一「心の財産」を手に入れたと自負している。

そして、まだまだ「新しい自分との出会いを求めた旅」は、始まったばかりだ。

この世の中の人々が本当に幸せに暮らせるために。
子ども達の悲しみの涙がなくなるように。
自ら命を落とす人々がいなくなるように。
沢山の人々が自分の良い志を久しく持ち続けて生きられるように。
自分らしく生きられるように。俺は自分なりにモデルを提案し続けていこうと思う。

今、命を終わらせようとしている人
今、自分が嫌で仕方がない人
今、学校に行きたくないと思っている先生方
今、新しい自分と出会いたいと思っている人々へ

全身全霊を込めてこの本を贈ります。全ての人々に感謝を。　二〇〇六年八月　長岡秀貴

長岡秀貴　Hidetaka Nagaoka

1973年4月25日長野県上田市生まれ、NPO法人 侍学園 スクオーラ・今人理事長。大学卒業後、地元上田市で５年間の教師生活を経て、「自分で学校を作る」という夢の実現のために退職。資金調達を目的としてショットバー経営などの事業を興しながら、悩みを抱える若者たちへのカウンセリングを重ねる。2003年HIDBOOKSを設立。自身の経験や教育への想いを凝縮した自叙伝「脱・教師　ダッセン」を出版すると、メディアでも取り上げられ大きな反響を呼ぶ。2004年春、遂に、かねてからの夢だった学校「NPO法人 侍学園 スクオーラ・今人」を上田市に開校する。数人の元・教え子たちと作り上げた「世界一小さい学校」ではあったが、生きる力を共に育む「共育」という理念が多くの賛同者を集め、公教育とは違う別の道を認められる学校という意味で「オルタナティブ（代替的な）スクール」という教育カテゴリーを地域社会に確立する。2008年には厚生労働省の「地域若者サポートステーション事業」を受託。就労し自立するための実践的な支援体勢を築き上げてきた。現在は自身の理念を記した執筆活動と平行して全国各地で講演会活動を行い、新しい生き方のモデル・新しい共育のモデルを訴え続けている。

ダッセン　新装版

2006年10月10日 発行
2015年1月23日 第2刷発行

著者　長岡秀貴

写真　ハラサトル

デザイン・写真　花城泰夢

発行者　長岡秀貴

発行／HID BOOKS

〒386-1102　長野県上田市上田原887-1

TEL・FAX／0268-38-0063

URL／http://www.hid2001.com/hidbooks/

E-mail／hidbooks@samugaku.com

発売／サンクチュアリ出版

〒151-0051　東京都渋谷区千駄ヶ谷2-38-1

TEL／03-5775-5192　FAX／03-5775-5193

URL／http://www.sanctuarybook.jp/

印刷・製本　中央精版印刷株式会社